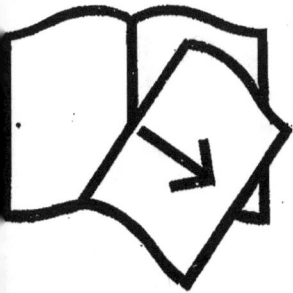

Couverture inférieure manquante

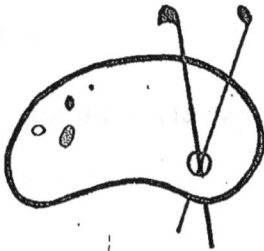

DEBUT D'UNE SERIE DE DOCUMENTS
EN COULEUR

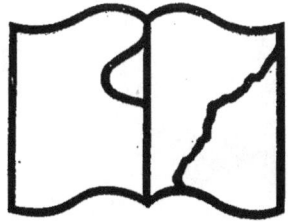

Texte détérioré — reliure défectueuse
NF Z 43-120-11

PARTAGES D'ASCENDANTS

AVEC FORMULES

PAR

P. BARRAUD

PRINCIPAL CLERC DE NOTAIRE

PARIS

A LA *REVUE DES CLERCS DE NOTA*

100, rue Saint-La: 100

1897

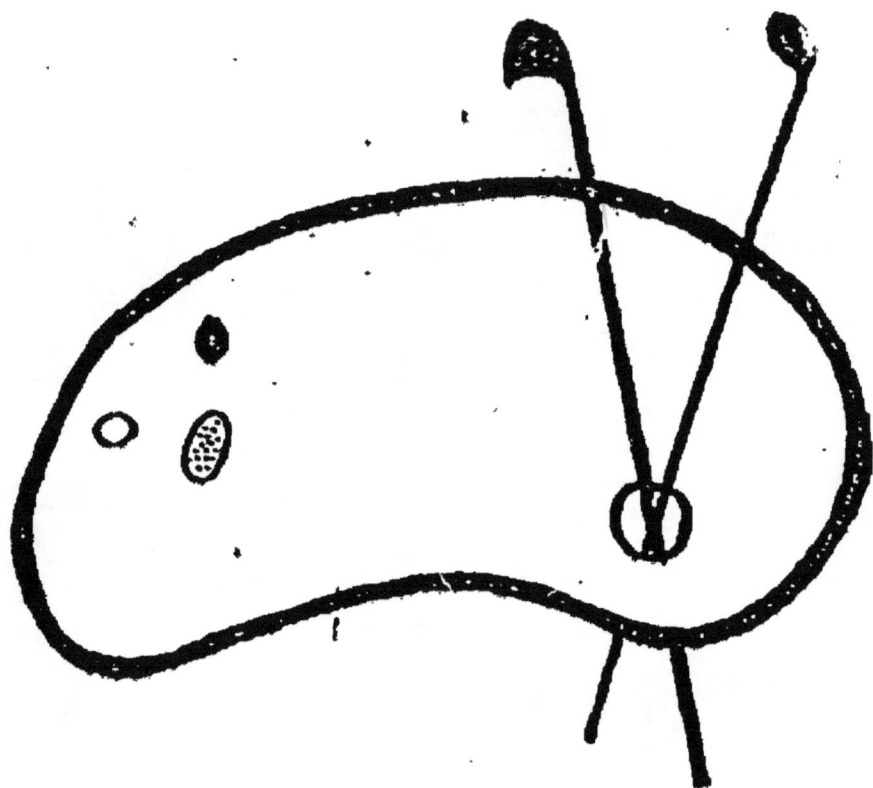

FIN D'UNE SERIE DE DOCUMENTS
EN COULEUR

PARTAGES D'ASCENDANTS

AVEC FORMULES

DU MÊME AUTEUR

Droit civil international du Mariage et des Régimes matrimoniaux, broch. gr. in-8 chez MM. Marchal et Billard, éditeurs, 27, place Dauphine, Paris, prix 2 fr. franco.

Sous un format restreint, cet ouvrage présente une dose de philosophie appréciable, une science juridique certaine, une collection importante de renseignements précieux, utiles et variés, le tout d'un grand intérêt pour les esprits dilettantes en matière de dialectique ; sa lecture intéressera même les personnes étrangères au notariat en raison de l'importance *pour tous du mariage civil et des conventions matrimoniales.*

PARTAGES D'ASCENDANTS

AVEC FORMULES

PAR

P. BARRAUD

PRINCIPAL CLERC DE NOTAIRE

PARIS

A LA *REVUE DES CLERCS DE NOTAIRES*

100, rue Saint-Lazare, 100

TOUS DROITS RÉSERVÉS

—

1897

PARTAGES D'ASCENDANTS

INTRODUCTION

Au seul point de vue de la bonne pratique notariale, tout spécialement pour les *Lecteurs* émancipés du *Journal* (1), nous voulons donner, en quelques articles, douze ou quatorze au plus, le commentaire clair et précis du partage d'ascendants, avec formules d'un partage fait par donation entre-vifs et d'un partage fait par testament olographe, soit les deux formes ordinairement employées, avec le cadre du partage par testament authentique.

Comme son nom l'indique, le partage d'ascendants est celui que les père et mère et autres ascendants peuvent faire de leurs biens entre leurs enfants et descendants (art. 1075 du Code civil). C'est donc la répartition que les père et mère ou autres ascendants

1. Le présent travail, élémentaire dans sa forme portative, profond dans sa substance, a paru dans la « *Revue des clercs de Notaires* » publiée par M. Achille Lécolle, 100, rue Saint-Lazare, Paris, sous les numéros 5859, 5887, 5903, 5919, 5945, 6035, 6091, 6107, 6130 et 6136, années 1896 et 1897.

font de leurs biens entre leurs enfants ou petits-enfants.

Nous nous garderons de surcharger notre travail, en éloignant avec soin tout ce qui ne vise qu'à l'effet, tout ce qui retarde inutilement le lecteur, pour condenser, en une courte étude, toute la matière du partage d'ascendants, sans négliger une seule question intéressante, de façon à présenter un exposé complet, mais concis, de tous les principes, de toutes les règles, une analyse suffisante de toute la doctrine, un résumé fidèle de toute la jurisprudence, en ce qui concerne ce pacte de famille, en grande faveur dans les campagnes : c'est surtout le partage des cultivateurs (1).

Nous nous adressons à des praticiens, ce qui nous dispense d'insister sur l'importance d'une semblable étude ; chacun en est pleinement pénétré ; à dire toute notre pensée, nous ne sommes cependant pas partisan d'un tel acte, fait par donation entre vifs surtout ; — la sympathie ne se commande pas ; elle est ici amoindrie par toutes les causes que nous exposons au cours de notre travail — mais nous reconnaissons bien volontiers que ce genre de partage s'impose souvent, comme le seul moyen pratique, pour sortir de certaines situations embarrassées ; au surplus, il évite des frais, des lenteurs, des contestations de toute nature, en permettant aux père et mère de

1. Le partage d'ascendant, employé dans les campagnes, où il a été accueilli et conservé comme une tradition nouvelle des anciennes mœurs françaises, est bien en effet, le partage des cultivateurs.

régler eux-mêmes le partage de leurs biens entre leurs enfants ; les parents y trouvent encore la satisfaction de leurs convenances personnelles, en suivant le penchant naturel de leur cœur ; ils deviennent les témoins du bonheur de leurs enfants, alors qu'ils ne peuvent plus eux-mêmes, par suite de l'âge ou des infirmités, supporter le fardeau de l'administration de leurs biens.

Ce partage offre encore l'avantage : 1º d'éviter les frais d'un partage judiciaire quand il y a un ou plusieurs cohéritiers mineurs ou interdits ; 2º de permettre l'attribution à chaque cohéritier du lot qui lui convient le mieux ; 3º de permettre, à un ascendant vieux et infirme, de se décharger d'une administration devenue onéreuse par lui et compromettante pour sa famille.

Le praticien, conseil éclairé des familles, ne saurait jamais trop posséder tous les principes, toutes les règles du partage d'ascendants fait par donation entre-vifs, lequel est alors un acte d'une nature essentiellement complexe, dont le caractère dominant est celui de la donation, joint à l'élément du partage, ayant pour effet de transmettre actuellement aux descendants la propriété des biens abandonnés, lesquels sortent irrévocablement du patrimoine des ascendants donateurs, d'établir immédiatement, définitivement, entre les donataires, des rapports de copartagés, des droits, des obligations réciproques, comme tous partages ordinaires.

D'après une fiction ancienne, les enfants sont propriétaires indivis des biens possédés par leurs père et

1.

mère ou autres ascendants, en sorte que le partage
d'ascendants entre-vifs est, dans le sens le plus absolu
du mot, une ouverture anticipée de la succession,
relativement aux biens qui s'y trouvent compris ; il
en résulte que celui qui distribue ses biens entre ses
frères et sœurs seulement, fait un acte parfaitement
valable, mais qui n'est pas, à proprement parler, un
partage d'ascendants, comme celui fait par les père
et mère et autres ascendants ; le partage fait par des
collatéraux n'est donc pas interdit, mais il n'est pas
un vrai partage d'ascendants ; l'acte doit être consi-
déré comme une simple donation entre-vifs ; les articles 1075 à 1080 sont inapplicables à la donation entre-
vifs ou au testament par lequel un collatéral déclare
partager ses biens entre ses héritiers présomptifs.

Les ascendants qui ont promis, par contrat de mariage, l'égalité entre leurs enfants, peuvent toujours
faire le partage anticipé entre ces derniers, mais ils
doivent alors respecter scrupuleusement cette clause
contractuelle, ne lui porter atteinte en rien.

Le partage testamentaire peut comprendre des
biens à venir, puisqu'il est révocable et ne doit être
exécuté qu'après le décès de l'ascendant ; mais le
partage d'ascendants entre-vifs, ayant un effet immédiat, définitif, irrévocable, ne doit comprendre que
des biens présents ; toutefois, nous pensons que par
le fait seul que les ascendants auraient compris quelques biens à venir, de minime importance, dans le
partage, cet acte ne serait pas nul, s'il était possible
de retrancher facilement les biens à venir, sans détruire l'harmonie qui doit exister dans les lots ; mais

si les biens à venir étaient d'une grande importance, et qu'il ne fût pas possible d'en faire abstraction sans détruire l'économie de l'acte, le partage serait nul pour le tout.

Le partage ne serait pas nul si l'ascendant y avait compris, par erreur, un bien appartenant à autrui; seulement le descendant, dans le lot duquel ce bien aurait été mis, aurait l'action en garantie contre ses cohéritiers. La situation est exactement la même, lorsque l'ascendant a compris dans le partage des biens à venir qui appartiennent à autrui, au moment où il dispose.

Le partage anticipé peut aussi être fait par des descendants entre leurs ascendants, mais, dans ce cas, excessivement rare, il doit être procédé suivant le droit commun, afin que les ascendants qui ont une réserve, y trouvent toutes garanties.

Si, par impossible, un non successible se trouvait compris dans un partage d'ascendants, l'acte serait même valable à son égard, en ce sens que la disposition faite en sa faveur serait un don de tout ou partie de la portion disponible.

Lorsque les ascendants, qui ont un ou plusieurs enfants, opèrent le partage de leurs biens exclusivement entre leurs petits-enfants, ce partage serait valable, lorsqu'aux décès des donateurs, leurs petits enfants se trouvent leurs seuls héritiers légitimes.

Le partage d'ascendant est celui-là seul par lequel l'ascendant fait la division anticipée de sa succession entre ceux de ses enfants que la loi appelle à la recueillir après son décès.

Cette institution est donc essentiellement distribu-tive plutôt que dispositive.

Dans l'origine, le droit qu'avait le chef de famille de disposer de ses biens d'une manière absolue, ren-dait le partage d'une grande simplicité ; c'est aux temps primitifs qu'il faudrait remonter pour trouver les premières traces des partages d'ascendants ; sa véritable origine connue et précise, se rencontre dans les institutions romaines ; notre ancienne légis-lation présentait surtout le défaut d'unité, offrant même une bizarre diversité; les pays de droit écrit, régis par le droit romain, suivaient les dipositions de cette législation telle qu'elle résultait des Novelles ; en principe, le partage d'ascendants, entre-vifs, n'était pas connu à Rome, où l'état de la famille ne com-portait pas ce genre de disposition, puisque l'enfant ne pouvait rien posséder de propre ; l'ascendant pou-vait recourir à la forme testamentaire privilégiée ou ordinaire, mais l'acte ne pouvait produire d'effet qu'après la mort de l'ascendant; le droit coutumier permettait aux ascendants d'avoir recours à deux moyens : au partage d'ascendants, révocable au gré de l'ascendant, qui pourrait manifester son change-ment de volonté, soit par un testament, soit même par une simple déclaration écrite, sauf lorsque le partage était fait par contrat de mariage et à la dé-mission de biens, laquelle avait un effet actuel et im-médiat; elle était une sorte d'ouverture anticipée de la succession ; elle devait profiter à tous les héritiers et comprendre tous les biens du démettant; elle pouvait être faite, non seulement par les ascendants mais aussi par les collatéraux; les démissionnaires étaient tenus de plein droit des dettes contractées par le démettant, mais cette obligation était limitée à la valeur des biens compris dans la démission; les coutumes étaient loin d'être uniformes.

Le code civil est enfin venu fixer les droits des ascendants dans le chapitre sept du titre des donations et des testaments; c'est donc ce chapitre, lequel comprend seulement six articles, de 1075 à 1080, que nous allons étudier; le code civil a en vue le partage d'ascendants et la démission de biens; sous beaucoup de rapport, le partage testamentaire représente, dans notre droit nouveau, le partage entre enfants, et le partage d'ascendants entre-vifs, l'ancienne démission de biens.

L'étranger, même non naturalisé, peut faire le partage d'ascendants de la même manière que les Français.

Si cela avait une grande utilité pratique, on serait embarrassé pour assigner au partage d'ascendants le statut réel ou le statut personnel.

Le droit civil international est certainement essentiellement traditionnel; tous les anciens auteurs statuaires déclarent toujours que le partage d'ascendants forme un statut réel; mais, dans l'ancien droit, ce partage n'était pas un acte solennel; le code a donc innové en faisant du partage d'ascendants un acte solennel; on doit toujours admettre, en ce qui concerne les immeubles, que tout dépend de la situation des biens, que le statut est réel; mais, ne doit-on pas décider que les meubles sont, au contraire, régis par la loi du domicile, conformément à la vieille maxime qui dit que les meubles suivent la personne et forment un statut personnel. Nous serions porté à croire que le droit de partage dépend uniquement de la loi du lieu où les ascendants ont leur domicile, soit de leur loi nationale.

Nous estimons que le partage d'ascendants dépend tout à la fois du statut réel en ce qui concerne les immeubles, et du statut personnel en ce qui concerne les meubles.

Le partage d'ascendants est un acte complexe, distributif et translatif de propriété ; il diffère du partage ordinaire, en ce qu'il est un acte solennel, auquel on doit appliquer les formes des donations ou des testaments ; il ne dépend donc pas seulement du fait de l'homme, en ce sens que les parties contractantes ne sont pas libres de le faire par tel acte et dans les formes qu'elles jugent convenables.

On pourrait même soutenir que le statut est personnel pour le tout, puisque les ascendants et les enfants sont libres de distribuer les biens comme ils l'entendent ; ce qu'ils veulent sera donc la loi des copartagés, indépendamment de la situation des biens ; on arrive ainsi à résoudre cette question de statut dans le même sens que pour le partage entre cohéritiers, où tout dépend uniquement de la volonté de l'homme ; l'autonomie doit y régner seule.

I

NOTIONS GÉNÉRALES

L'article 1075 du Code civil porte :

« Les père et mère et autres ascendants pourront
« faire, entre leurs enfants et descendants, la distri-
« bution et le partage de leurs biens. »

En conférant aux ascendants le pouvoir de faire
anticipativement entre leurs descendants, la distribution et le partage de leurs biens, le législateur a
voulu les revêtir d'une sorte de magistrature domes-
tique, afin de prévenir les discussions qui s'élèvent
ordinairement entre les enfants et déchirent trop
souvent les familles à l'occasion des partages (Bigot-
Préameneu. Exposé des motifs, n° 76 — Locré, t. 5,
p. 335).

Essentiellement exceptionnel, le partage d'ascendant renferme même des principes contradictoires,
des éléments contraires, puisqu'il est tout ensemble
un acte de disposition et un acte de distribution.

Nous n'examinons pas les divers systèmes qui existent relativement à son caractère juridique ; le par-

tage d'ascendant suppose, comme condition première, l'abandon par le donateur, mais l'élément du partage coexiste avec celui de la donation dont il ne peut être séparé, formant avec lui un tout indivisible; en effet, s'il y a une donation en avancemens d'hoirie, il y a aussi un partage actuel, définitif des biens donnés, suivi de la délivrance immédiate des lots distribués aux copartagés; la portion que reçoit chaque donataire lui est acquise définitivement; si l'ascendant laisse d'autres biens à son décès, le partage en est fait conformément à la loi, sans se préoccuper de ceux qu'il a distribués de son vivant. (Aubry et Rau, t. 8, § 728, note 2; Laurent, t. 15, n° 3; Requier, n°s 91 à 100; Bonnet, t. 1, n°s 107 et suiv.)

Quelques auteurs ont cherché à démontrer que les termes de l'article 1075 du Code civil étaient purement énonciatifs; ils ont voulu l'étendre à d'autres qu'aux ascendants, en observant les mêmes termes.

Cette opinion ne saurait être partagée, car seule la loi pourrait étendre une faculté qu'elle ne donne qu'aux ascendants; les autres parents n'ont donc pas ce pouvoir, par cela seul que la loi ne le leur accorde pas; au surplus, le partage d'ascendant est un pacte successoire, puisqu'il porte sur une succession non ouverte; la loi prohibe toutes conventions sur succession future; si, en l'espèce, elle l'admet, c'est exceptionnellement, et toute exception est d'interprétation stricte; dans le partage testamentaire, c'est également un droit exceptionnel, car celui qui lègue ses biens ne peut pas les partager, puisque partager est un droit qui commence seulement au décès du testateur; ce droit appartient alors aux héritiers, propriétaires indivis.

Toute personne est libre de disposer de ses biens par donation entre-vifs ou par testament (1), l'oncle, par exemple, qui ferait un partage entre ses neveux, ne fait pas une distribution de biens; il donne ou lègue, c'est un maître qui dispose de ses biens comme il l'entend (Aubry et Rau, t. 6, § 728, note 4; Laurent, t. 15, n° 5; Requier, n° 117.)

Il y a des auteurs qui admettent que le disposant, qui n'est pas un ascendant, peut cependant déclarer que sa volonté est que la distribution qu'il fait de ses biens, par donation ou par testament, soit soumise aux principes qui régissent le partage d'ascendant (Colmet de Santerre, t. 4, n° 242 *bis*, 2; Demolombe, t. 22, n° 701.)

Quelle que soit l'autorité de ces jurisconsultes, nous ne pensons pas que l'on puisse admettre une semblable concession; on peut faire des dispositions testamentaires ou entre-vifs en y ajoutant toutes les conditions qui se concilient avec l'essence des libéralités, mais c'est tout; le disposant qui n'est pas as-

1. Le mineur, âgé de plus 16 ans, qui est incapable de disposer par acte entre-vifs, peut faire, par testament, le partage de sa succession, sans être renfermé, relativement à sa capacité, dans les limites fixées par l'article 901 du Code civil, d'après lequel il ne peut léguer que la moitié de ses biens.

Aubry et Rau, VIII, 729; Demolombe, 9, 23, n° 22.

cendant ne peut faire un partage d'ascendant, ni expressément ni tacitement, indirectement ou directement. La femme dotale, frappée d'incapacité, ne peut, en principe, user du bénéfice de l'article 1075 du Code civil ; aux termes de l'article 1556 du Code civil, elle peut, avec l'autorisation de son mari, donner ses biens dotaux pour l'établissement de leurs enfants communs et, aux termes de l'article 1555 du même Code, pour l'établissement de ses enfants qu'elle aurait eus d'un précédent mariage.

Dans les deux cas, prévus, elle peut donc disposer de ses biens dotaux, par une donation à titre de partage anticipé, mais la donation n'est valable qu'autant qu'elle est faite en vue de l'établissement de chacun de ses enfants donataires ; si la donation de biens dotaux était nulle à l'égard des uns, pour ne point se trouver dans l'exception prévue, elle serait nulle également à l'égard des autres, car le partage de l'ascendant forme un tout complet et indivisible (1) ; toutefois la donation pourrait être validée par une ratification de la femme ou de ses héritiers, après la dissolution du mariage, et, pendant le mariage, par un testament de la femme, contenant ratification expresse (2); le partage-donation est une aliénation et la femme dotale ne peut pas aliéner, pendant le mariage ses biens dotaux, pas même à titre onéreux, à plus forte raison ne peut-elle les aliéner à titre gra-

1. *Adde* l'étude publiée sur la question au n° 5827 du *Journal*.

2. *Sic :* C. Caen, 20 janvier 1838 (n°ˢ 3260 et 3263 *bis* du *Journal*); Dissertation insérée au n° 5827 du *Journal*.

tuit, en les partageant entre ses enfants; il faut donc qu'elle y soit exceptionnellement autorisée par une disposition expresse de la loi (Aubry et Rau, t. 5, § 537, notes 6-10G, t. 6, § 650; note 5 et t. 8, § 71; Demolombe, t. 6, n° 73 et t. 23, n° 711; Laurent, t. 15, n° 45; Guillouard, t. 4, n°ˢ 1908 et 1996.)

Lorsque le partage d'ascendant entre-vifs comprend des immeubles, il doit être transcrit pour être opposable aux tiers; le défaut de transcription de la donation ne peut être opposé par l'un des donataires ou par ses créanciers (Cassation 1ᵉʳ mai 1861.)

Bien que qualifié par toutes les parties de partage d'ascendant, l'acte n'en est cependant pas un s'il ne rentre pas juridiquement dans les prévisions des articles 1075 et 1076 du Code civil; réciproquement, cet acte peut avoir le caractère de partage d'ascendant, bien qu'il n'ait pas reçu cette qualification, ou que les donateurs n'aient pas exprimé leur intention d'user de la faculté accordée par les dits deux articles.

Lorsque les ascendants donnent à leurs descendants des biens pour les remplir des sommes qu'ils leur doivent, l'acte constitue une dation en paiement et non un partage d'ascendant.

Quand dans un contrat de vente, les deux époux attribuent une partie du prix, par égales parties, à leurs enfants qui interviennent à l'acte pour y donner leur consentement, il y a en dehors de la vente, un partage anticipé du prix qui est réparti entre les enfants.

La qualification que les parties donnent à un acte n'est donc pas décisive; il faut voir si elle répond à la substance de l'acte; la nature des contrats se déter-termine, non par les termes dans lesquels ils sont conçus, mais par l'objet des conventions qu'ils contiennent. (Cassation : 20 août 1850, 5 mars 1855, 10 février 1857, 10 novembre 1858.)

Le partage d'ascendant présente de réels avantages au point de vue de l'économie sociale, puisqu'il favorise également toutes les branches de la propriété publique.

La jurisprudence s'est engagée dans des systèmes qui facilitent trop les mécontents, les encouragent, les invitent même à faire des procès, ébranlant ainsi la stabilité de la propriété, détruisant la confiance que le partage d'ascendant devrait inspirer aux tiers qui veulent traiter avec les copartagés.

Aujourd'hui, les tribunaux sont à peu près fixés sur la plupart des difficultés auxquelles a donné lieu le partage d'ascendant, là plupart touchent aux formes de l'acceptation, lorsqu'il y a des mineurs parmi les donataires, du mode de répartition des biens donnés, à l'effet des réversions stipulées au profit du survivant des donateurs.

Au cours de notre étude, nous laissons de côté toutes les banalités, toutes les généralités, pour rentrer dans l'application pratique, car c'est là que les difficultés abondent.

Nous conseillons tout spécialement aux praticiens d'éclairer les parties contractantes, de ne jamais se prêter à aucune combinaison qui tendrait à dénaturer le véritable caractère du partage, à se refuser impitoyablement à consigner toutes déclarations, toutes conditions ou clauses contraires à l'équité et à la réalité des faits.

II

ENTRE QUI L'ASCENDANT PEUT-IL PARTAGER SES BIENS?
QUELLES PERSONNES DOIVENT ÊTRE COMPRISES DANS
LE PARTAGE ? OBJET DU PARTAGE D'ASCENDANT.

Du texte des articles 1075 et 1076 du Code civil, il résulte notamment les conséquences suivantes, qu'il suffit d'énoncer sommairement, car elles sont toutes d'une évidence certaine :

1° Le partage doit être fait entre tous les enfants des père et mère et autres ascendants qui le font, car le partage qui n'a pas lieu entre tous ceux qui ont droit aux biens partagés n'est pas un véritable partage.

2° Tous les copartageants doivent être successibles, c'est-à-dire appelés par la loi à l'hérédité de ceux qui distribuent leurs biens (1).

1. L'individu pourvu d'un conseil judiciaire peut accepter le partage fait sans charges.

Le partage fait au profit d'un interdit doit être accepté par un tuteur *ad hoc.*

La femme mariée accepte avec le consentement de son mari.

Le sourd-muet qui sait écrire peut accepter lui-même ; s'il ne sait pas écrire l'acceptation doit être faite par un curateur nommé spécialement à cet effet.

3° La disposition doit être faite uniquement au profit des successibles, car si d'autres en profitaient, il ne pourrait plus être question de partage, lequel suppose toujours un droit préexistant dans la personne de ceux qui y concourent.

4° Chacun des successibles doit recevoir sa part, car le partage est une liquidation qui doit se faire entre tous les ayants-droit, sans exception.

5° L'ascendant doit lui-même distribuer et partager ses biens entre ses descendants, car on ne conçoit pas un partage sans que les biens auxquels les héritiers sont appelés leur soient réellement et immédiatement distribués ; il est contradictoire de partager et de rester quand même dans l'indivision.

Toutes indiscutables que soient ces conséquences, nous devons cependant donner quelque développement à leur sujet.

Le partage que le père ferait entre son fils et les enfants de celui-ci serait nul, car les petits-fils ne sont pas successibles de leur aïeul du vivant de leur père.

L'omission d'un seul enfant existant au décès du donateur entraîne la nullité du partage qui est même inexistant, en sorte que l'acte n'a pas d'existence légale ; il ne produit donc aucun effet ; il peut être demandé un nouveau partage par tous les intéressés, même par ceux compris dans l'ancien partage, qui ne peut être ratifié ou confirmé car on ne confirme pas le néant.

Le partage doit également comprendre les descendants des enfants prédécédés, les enfants naturels légalement reconnus ou leurs descendants, et les enfants adoptifs.

La reconnaissance que ferait le père, après le partage, d'un enfant naturel, annulerait l'acte, puisqu'un enfant qui aurait dû y avoir une part n'y a pas été compris.

Le partage d'ascendant ne doit comprendre que les descendants qui existent au jour du décès du donateur, en qualité d'héritier : l'enfant qui aurait renoncé ou qui en aurait été écarté comme indigne, ne compte pas, mais l'enfant posthume a pour effet de rendre le partage nul pour le tout. (Duranton, t. 9, n° 643 ; Demolombe, t. 22, n° 701 et t. 23, n° 168 ; Laurent, t. 15, n°s 94 et suiv. ; Colmet de Santerre, t. 4, n° 246 bis 3 ; Genty, t. 301 et suiv ; Regnier, n°s 160-168).

L'expression : distribution et partage des biens, employée par la loi, implique bien une division matérielle ; l'ascendant qui veut réellement faire un partage anticipé sérieux de ses biens, doit commencer par mettre fin à l'indivision, en distribuant lui-même ses biens entre ses descendants, car s'il se borne à leur abandonner des biens indivis, il augmente les difficultés au lieu de les prévenir.

En la circonstance, le principe qui tend à l'emporter est bien celui qui est écrit dans l'article 1075 du Code civil, mais la jurisprudence est quelque peu hésitante : il y a des arrêts qui posent en principe que la loi n'exige pas impérativement que le partage se trouve matériellement effectué dans l'acte par lequel le père abandonne ses biens à ses enfants ; d'autres arrêts admettent qu'il y a partage d'ascendant lorsque le partage est fait par les enfants auxquels les biens sont abandonnés. (Cassation : 29 mars 1801, 10 avril 1831, 26 avril 1836).

La question de savoir si l'ascendant doit faire lui-même la répartition des biens donnés, ou si cette répartition peut être faite par les donataires, a été longtemps discutée; en la circonstance, la jurisprudence n'exige pas que l'ascendant effectue lui-même le partage des biens qu'il donne; une seule chose est nécessaire, c'est que la volonté de l'ascendant ait été de ne faire parvenir aux donataires les biens donnés qu'à l'état de biens partagés ; que le partage opéré en exécution de cette volonté ait été inspiré par ses conseils, réalisé conformément à ses intentions et approuvé par son consentement; en un mot, il faut que le partage, quoique étant matériellement l'œuvre des donataires, apparaisse comme étant moralement celle de l'ascendant, aussi bien que la donation. (Cassation : 4 juin 1849; Agen, 17 novembre 1856).

La pratique notariale doit exprimer ce lien à l'aide de la clause suivante, ou toute autre équivalente :

« La présente donation est faite sous la condition « que les donataires procèderont au partage des biens « conformément aux accords intervenus entre eux et « les donateurs, avec le concours et la participation « effective de ceux-ci ».

La démission pure et simple de biens ne suffirait donc pas pour qu'il y ait partage d'ascendant, car alors il faudrait dire que l'abandon à un enfant unique est aussi un partage d'ascendant.

Mais il suffit que les donataires fassent le partage
des biens donnés, en présence, sous l'influence, avec
l'assentiment des ascendants; dans ce cas, il y a
réellement un partage d'ascendant, pour lequel il
faut le consentement volontaire des enfants.

Il y aurait encore un vrai partage d'ascendant, lorsque l'abandon et la distribution se font par des actes
différents, si les deux actes ne forment qu'un seul et
même fait juridique, c'est-à-dire lorsque le père commence par déclarer que son intention est d'user de
la faculté que lui accordent les articles 1075 et 1076
du Code civil, et fait donation de ses biens à ses enfants, qui l'acceptent, et que ceux-ci, par un second
acte, avec le concours et le consentement de leur père
donateur, répartissent entre eux les biens donnés;
l'unité de contexte ni même la concomitance des deux
actes ne sont obligatoires. (Demolombe, t. 6, nº 52;
Aubry et Rau, § 728; Regnier nº 112).

Mais lorsque le partage se fait par un acte distinct,
il peut ne pas être un partage d'ascendant, selon les
circonstances de la cause, surtout si le partage a lieu
entre les donataires seuls, sans le concours de l'ascendant donateur, sans clause qui le rattache tout spécialement à la donation (Colmar : 10 mai 1865; Lyon:
23 mai 1868; Bordeaux : 8 mars 1870; Cassation : 24
juin 1872).

On ne saurait donc considérer comme partage
d'ascendant l'acte par lequel les père et mère font, au
profit de leurs descendants, une donation collective
de leurs biens, lorsque la division a lieu entre les
enfants par un acte distinct de la donation, auquel les

ascendants sont restés étrangers de fait et d'intention, car l'ascendant ne doit pas jouer seulement le rôle de médiateur, il faut que le partage émane de lui, sinon matériellement, du moins moralement; en la circonstance, il y a absence de tout lien entre l'acte de donation consenti par l'ascendant et le partage ultérieur entre les enfants, sans aucune immixtion du donateur (1).

On a même recommandé aux notaires, en raison de la composition des lots, dans lesquels l'ascendant donateur est obligé de faire entrer, autant que possible, et dans chacun d'eux, la même quantité d'immeubles, de meubles, de droits ou de créances, de même nature et valeur, de faire deux actes séparés : l'un de donation par l'ascendant, l'autre de partage par les descendants entre eux seuls, sans le concours du donateur en l'éloignant même, afin que le partage soit l'œuvre propre des donataires qui peuvent alors le faire suivant leurs convenances, placer dans un lot tous les immeubles, et tous les meubles dans un autre. (Emile Paultre : Obs. prat. *Revue du notarial* nos 585-618 et 2150).

On ne saurait trop conseiller aux praticiens de ne pas entrer dans cette voie dangereuse, lorsqu'elle n'est pas sincère; ce mode de procéder, amené par une habileté de rédaction, ne représente nullement le partage d'ascendant tel que le Code civil l'a établi.

1. Malgré l'opinion d'éminents jurisconsultes, nous ne pensons pas que l'ascendant puisse imposer à ses enfants donataires, l'obligation de rester dans l'indivision pendant cinq ans.

III

FORME DU PARTAGE D'ASCENDANT.

L'article 1076 du code civil dispose que les partages d'ascendants peuvent être faits par acte entrevifs ou testamentaire, avec les formalités, conditions et règles prescrites pour les donations entre-vifs ou les testaments.

L'ascendant a donc le choix de partager ses biens par acte entre-vifs ou par disposition de dernière volonté, mais il ne peut le faire que sous l'une de ces formes. La donation entre-vifs et le testament étant des actes solennels, les partages d'ascendants sont donc des actes où les formes légales doivent être rigoureusement observées ; un partage verbal ou par acte sous seing privé n'aurait aucune existence aux yeux de la loi (1).

L'ascendant peut donner procuration de partager, mais la procuration doit être authentique et spéciale, consentie dans les formes solennelles ; donner man-

---

1. Le père et la mère ne peuvent faire ensemble dans le même testament, le partage de leurs biens : l'article 968 qui prohide les testaments conjonctifs, s'y oppose.

Est nul le partage testamentaire dans lequel l'époux survivant a confondu ses biens, ceux de son conjoint prédécédé et ceux de la communauté d'acquêts ayant existé entre eux.

dat de partager, ce n'est pas abdiquer le droit que la loi accorde à l'ascendant, c'est, au contraire, l'exercer.

Lorsque le partage a lieu par acte de donation entre-vifs, on doit observer les formalités prescrites par les articles 931 et suivants du code civil et la loi du 21 juin 1843, c'est-à-dire que l'acte doit être passé nécessairement devant deux notaires, ou devant un notaire et deux témoins, en la présence réelle ; il doit en rester minute ; si le partage contient des effets mobiliers, il n'est valable, quant à ces effets, qu'autant qu'il en a été dressé un état estimatif annexé à la minute de la donation ; si la donation comprend des immeubles, elle doit être transcrite pour être opposable aux tiers ; lorsque le partage comprend des choses incorporelles, comme des créances, les donataires ne sont saisis à l'égard des tiers que par les notifications qu'ils sont tenus de faire aux débiteurs ; s'il ne s'agissait que d'objets mobiliers corporels, l'ascendant pourrait en opérer le partage par voie de simple tradition, car les objets de cette nature admettent la donation manuelle (Aubry et Rau, t. 8 p. 10. — Demolombe, t. 23, n° 12. — Laurent, t. 15, n° 17. — Réquier, n° 45. — Bonnet, t. 1, n° 330).

L'ascendant peut faire plusieurs partages successifs entre ses enfants, par des actes différents, à des époques diverses.

La donation entre-vifs est essentiellement translative de propriété ; un seul et même acte transmet aux donataires la propriété des biens et les partage entre eux.

Il y a une condition de forme spéciale à la donation :

2.

elle doit être acceptée en termes exprès par le donataire ; si l'acceptation est faite par un acte postérieur,
cet acte doit être authentique, et l'acceptation doit
être notifiée au donateur, la donation n'ayant d'effet
que du jour de cette notification ; l'acceptation doit
être faite par tous les donataires ; si l'un d'eux n'accepte pas, le partage est nul ; la femme dotale peut,
avec la seule autorisation de son mari, accepter le
partage fait par l'un de ses ascendants (1).

La donation peut être acceptée par un mandataire, à la condition que le mandat soit authentique
et qu'une expédition soit annexée à la minute de la
donation ; acceptée en vertu d'une procuration sous
seing privé, le partage est nul (Aubry et Rau, t. 8,
p. 11. — Demolombe, t. 23 n° 10. — Laurent, t. 15
n° 20. — Genty, p. 118. — Réquier, n° 47.— Bonnet,
t. n° 316).

Toute donation faite à un enfant mineur peut être
acceptée, soit par le tuteur, avec l'autorisation du
conseil de famille, ou par le mineur lui-même, s'il
est émancipé, avec l'autorisation de son curateur, soit
par l'un des ascendants, sans autorisation du conseil
de famille.

La donation-partage étant soumise aux mêmes formes que la donation, il en résulte que, dans le partage d'ascendant fait par le père et la mère conjointement, l'acceptation peut être faite, pour les mineurs:

Par le père, pour les biens donnés par la mère, et

1. On admet que la notification peut être remplacée par la
déclaration que ferait le donataire dans un acte notarié, qu'il
connaît l'acceptation et se la tient pour notifiée.

par celle-ci pour les biens donnés par le père ; on échappe ainsi à l'obligation de convoquer un conseil de famille à une époque où les pouvoirs de la tutelle ne sont pas encore constitués (Demolombe, T. 23 n° 37. — Laurent, T. 15 n° 21. — Genty, p. 122. — Réquier, n° 50).

Si l'ascendant avait des intérêts opposés à ceux des mineurs, il n'aurait pas pouvoir d'accepter, sans remplir les formalités légales ; toutefois, si la donation contenait seulement des charges qui ne grèveraient que les biens donnés, l'ascendant aurait qualité pour accepter ; mais si elles avaient pour effet d'obliger ou d'hypothéquer les autres biens appartenant aux mineurs, il faudrait recourir aux formalités et garanties prescrites par la loi, en ce qui concerne les incapables.

Le père donateur ne peut pas accepter pour l'enfant mineur, car, étant donateur, il ne peut pas figurer en même temps comme donataire ; il doit être représenté par un tuteur *ad hoc* autorisé du conseil de famille ; le mari qui autorise sa femme à faire le partage de ses biens, peut l'accepter pour les mineurs, comme père.

Lorsque le partage comprend en même temps partage des biens du père ou de la mère prédécédé, les formalités judiciaires doivent être observées en ce qui concerne les mineurs (1).

La confirmation que les mineurs donnent au partage, à leur majorité, doit être notifiée à l'ascendant, sous peine de nullité du partage.

1. V. les n° 28, 99, 1173 et 3561-4 du *Journal*.

L'ascendant qui partage ses biens à ses enfants peut, par le même acte, faire une libéralité à l'un d'eux, dans la mesure de la quotité disponible ; la nullité du partage entraîne alors la nullité de la libéralité, si elle s'identifie avec le partage ; mais si la libéralité est indépendante du partage, la nullité de celui-ci n'influence pas la donation ; c'est surtout une question d'intention.

L'ascendant peut aussi, dans la même mesure, disposer de partie de ses biens à charge de restitution au profit des enfants nés, et à naître, de l'enfant donataire ou légataire (1).

La donation-partage est sujette à révocation pour inexécution des charges ou pour cause d'ingratitude ; la survenance d'enfant ne révoque pas le partage, en vertu de l'article 960 du code civil ; mais l'enfant qui survient n'étant pas compris dans le partage, il y a lieu d'appliquer l'article 1078 du code civil, et de déclarer le partage nul.

Laurent enseigne que le partage par testament est une disposition, un acte par lequel les biens du défunt sont transmis à ceux qui sont institués légataires, en sorte que l'hérédité est testamentaire et que les enfants y sont appelés, non comme héritiers légitimes, mais comme légataires.

---

1. Est nul un partage d'ascendant dans lequel le père de famille, après avoir donné à deux de ses enfants l'entière propriété de deux tiers de ses biens, tant en meubles qu'immeubles, n'attribue au troisième qu'un simple droit d'usufruit sur l'autre tiers, en donnant la nue-propriété aux enfants de celui-ci.

On ne saurait accepter la théorie du savant juris-
consulte ; le partage testamentaire n'est pas, en effet,
une disposition des biens, mais une simple distribution
de la succession légitime, n'enlevant pas aux enfants
la qualité d'héritier *ab intestat ;* les enfants recueillent donc la succession légitime, non comme légataires, mais comme héritiers.

Le partage testamentaire est, sans nul doute, un
testament, puisque la loi le dit dans l'article 1076 du
Code civil, mais il ne s'ensuit pas que les enfants entre
lesquels le partage testamentaire est fait reccueillent
les biens partagés à titre de légataires ; en effet : l'ascendant qui partage ses biens par testament n'entend ni
détruire, ni même modifier la vocation légale de ses
enfants ; il fait lui-même, purement et simplement, ce
que ses enfants auraient fait entre eux à sa mort ; il ne
fait pas une libéralité, soit un acte de disposition, car
son partage testamentaire ne produira d'effet qu'à sa
mort, c'est-à-dire au moment où les enfants sont
appelés par la loi, saisis de la pleine propriété et
jouissance des biens de leur père ; par le partage testamentaire, l'ascendant partage et distribue donc ses
biens entre ses héritiers, sans leur faire un legs ;
l'acte n'opère même pas de changement dans la vocation des enfants. (Aubry et Rau, T. 8 § 734.— Demolombe, T. 23 n° 97. — Réquier, n° 59. — Colmet de
Santerre, T. 4 n° 243 bis 2 et 9. — Genty n° 209 et
213).

Par acte testamentaire, le partage doit être fait avec
toutes les formes essentielles et prescrites pour les
testaments ; il suit de là que les père et mère ne

peuvent, partager leurs biens, entre leurs enfants, par un testament conjonctif ; ils ont la faculté de procéder par testament public, olographe ou mystique.

Le partage d'ascendant fait par testament n'a pas besoin d'être accepté ; il est essentiellement révocable ; cette révocation peut être expresse ou tacite.

Si l'ascendant avait aliéné, avant son décès, tous les biens compris dans le testament, le partage se trouverait révoqué tacitement.

Si l'ascendant avait aliéné des biens comprenant le lot d'un des enfants, le partage serait nul, comme n'ayant pas été fait entre tous les enfants.

Les changements partiels survenus dans l'état ou la valeur des biens n'entraineraient la nullité du partage qu'autant qu'ils porteraient atteinte à la réserve, ou seraient tellement importants que l'opération en serait absolument dénaturée.

Si, avant le décès de l'ascendant, l'un des héritiers présomptifs désignés au partage meurt en laissant des enfants, ceux-ci prennent, par représentation, la part qui serait revenue à leur auteur d'après les dispositions du partage.

Si l'enfant ne laisse pas d'héritier direct, le legs est caduc, et le partage se trouve partiel ; il y a lieu, pour les biens qui avaient été attribués au prédécédé, à un partage supplémentaire (1).

1. La part qui avait été attribuée à l'enfant prédécédé fait retour à l'ascendant donateur, en vertu de l'article 787 du Code civil, à moins que le donataire n'en ait disposé entrevifs ou par testament.

Demolombe, T. 23 n° 107.— Aubry et Rau, T. 8 § 730, note 7.

Colmet de Santerre, T. 4, n. 243 bis 11 et 9, Réquier, n° 75.

IV

BIENS QUI PEUVENT FAIRE L'OBJET DU PARTAGE D'ASCENDANT.

Soit par acte entre-vifs, soit par testament, l'ascendant donateur ou testateur peut disposer ou partager la totalité, ou seulement partie des biens qui lui appartiennent, qui sont dans son domaine.

Biens présents.

Révocable, ne devant être exécuté qu'après le décès de l'ascendant, le partage testamentaire porte sur les biens que le testateur laissera à son décès ; il n'est donc pas limité aux biens présents, il peut comprendre les biens à venir, mais à la condition que le testateur, à l'époque de son décès, soit propriétaire des biens partagés.

Ayant, au contraire, un effet immédiat, définitif, irrévocable, le partage entre-vifs ne doit comprendre que des biens présents ; c'est ce qui résulte des termes du paragraphe 2 de l'article 1076 du Code civil ; l'article 943 du même code, qui consacre cette conséquence, ajoute que : « Si la donation comprend des biens à venir, elle sera nulle à cet égard. »

Faut-il en conclure, comme certains auteurs, que le partage qui porte à la fois sur des biens présents ; et sur des biens à venir, doit être déclaré nul pour le tout, non pas seulement à l'égard des biens à venir (Demolombe, t. 23, n° 67 ; — Genty, p. 133 ; — Bonnet, t. I, n°ˢ 225 et 228)? Cette conclusion nous parait trop absolue, d'une rigueur trop excessive. Si les biens à venir compris dans chaque lot sont de minime importance, s'il est facile d'en faire la distraction sans détruire l'harmonie qui doit exister entre les différents lots, si le partage reste complet pour chaque lot, quant aux biens présents, nous estimons que la nullité des lots composés de biens à venir, ne doit pas nécessairement entraîner la nullité des lots composés de biens présents ; il en serait encore de même si l'ascendant avait fait entrer dans le partage des biens susceptibles de lui échoir dans une succession non ouverte au moment même de la passation de l'acte, mais que ces biens fussent entrés dans son patrimoine au jour de son décès.

Mais si les biens à venir étaient d'une certaine importance, surtout si ces biens étaient répartis de telle sorte qu'il fût impossible d'en faire abstraction sans détruire toute l'économie de l'acte, il est alors certain que le partage pourrait être annulé pour le tout. — (Aubry et Rau, t. 8, § 731, note 14 ; — Laurent, t. 15, n° 37 ; — Réquier, n° 124).

Quoi qu'il en soit, nous recommandons aux praticiens d'éviter avec grand soin de comprendre, dans les partages d'ascendants entre-vifs, des biens à ve-

3

nir ; dans la pratique, le cas est rare heureuse-
ment (1).

Biens propres.

Les père et mère peuvent réunir tous leurs biens
propres en une seule masse, pour en faire conjointement le partage entre leurs enfants ; c'est ce qu'on
appelle un partage conjonctif, parfaitement valable
par acte entre vifs, puisque les époux partagent ce qui
leur appartient ; mais la loi défend les testaments
conjontifs ; les père et mère qui veulent distribuer
leurs biens par un seul et même acte, doivent donc
faire un partage entre-vifs et composer les lots de
façon que le droit de réserve des enfants ne soit
point blessé. — (Demolombe, t. 23, nᵒˢ 80 et 81 ; —
Aubry et Rau, t. 8, § 731 ; — Laurent, t. 15, nᵒ 48 ;
— Colmet de Santerre, t. 4, nᵒ 244 ; Réquier, nᵒ
133).

Mais lorsque l'un des époux, ou tous les deux ont
des enfants d'un précédent mariage et des enfants
communs, ce même partage conjonctif présente alors

1. L'ascendant peut comprendre même les biens qu'il a
donnés en avancement d'hoirie. Ces biens ont cessé de lui
appartenir, mais ils font toujours partie de la masse partage-
able, puisque le rapport en est dû à la masse, l'ascendant a
donc le droit de les imputer sur la part du donataire, et rien
ne s'oppose à ce qu'il lés attribue à un autre cohéritier, dans
le cas au moins où le donataire pourrait être tenu d'en effec-
tuer le rapport en nature.

les difficultés les plus sérieuses pour les biens propres et les biens communs.

Il est indispensable de procéder avec soin à une distinction précise, exacte, d'origine des biens formant l'objet du partage ; chaque époux doit prélever sur ses biens propres, toute la part à laquelle ont droit ses enfants particuliers, former ensuite, avec le surplus, une masse commune qui est partagée entre tous les enfants communs, répartie exactement d'après les droits héréditaires des enfants, car les enfants de l'un des époux sont, pour l'autre, des étrangers non successibles ; le mariage des deux ascendants n'ayant pas changé la situation respective de chacun d'eux vis-à-vis des enfants de l'autre.

Nous ne voulons pas dire que, toutes les fois qu'il existe des enfants nés d'un précédent mariage et des enfants communs, les époux ne peuvent pas faire un partage conjonctif de leurs biens propres et des biens de leur communauté ; mais nous devons constater qu'un semblable partage, pour former l'acte prévu par les articles 1075 et suivants du Code civil, à l'égard de tous les enfants nés de différents lits, demande à être rédigé avec les plus grands soins par un praticien habile, éclairé, rompu aux affaires, car il est extrêmement difficile alors d'établir cet acte de façon à ce que chaque époux fasse, entre ses enfants, à l'exclusion de ceux de son conjoint, le partage de ses biens propres, et que les biens communs soient répartis d'après les droits héréditaires de tous les enfants. — (Aubry et Rau, t. 8, § 731, note 10 ; — Demolombe, t. 23, n° 85 ; — Dalloz, *cont. mar.*, n° 1279; — Berthauld, t. 2, p. 192; — Réquier, n° 136; — Genty, p. 153 ; — Bonnet, p. 275).

Biens dotaux.

Le partage d'ascendant étant une aliénation, il faut donc que l'ascendant puisse disposer, à titre gratuit, des biens compris au partage.

La femme mariée sous le régime dotal ne pouvant aliéner ses immeubles dotaux, pendant le mariage, ne peut donc pas, en principe, les partager entre-vifs ; le partage par lequel la femme se dépouille actuellement, irrévocablement, pour en saisir ses enfants, va directement contre le but que la loi s'est proposé en proclamant l'inaliénabilité de la dot.

Cette prohibition reçoit des exceptions : l'article 1556 du Code civil autorise la femme dotale à disposer de ses biens dotaux pour l'établissement de tous ses enfants, par mariage ou autrement ; mais la dotation de l'un de ses enfants ne serait pas un motif pour partager les biens à ceux qui ne seraient pas dotés. — (Aubry et Rau, t. 8, § 731 ; — Demolombe, t. 23, n° 73 ; — Laurent, t. 15, n° 42 ; — Genty, p. 135 ; — Réquier, n° 132 ; — Bonnet, t. 1, n°s 238 et suiv.). — V. au surplus, au n° 5827 du *Journal*, la remarquable étude de M. Genébrier, qui a examiné dans quels cas la femme dotale peut valablement faire à ses enfants la donation de ses biens à titre de partage anticipé.

Biens de communauté.

Les deux époux sont associés, donc copropriétaires ; or, les copropriétaires, lorsqu'ils sont d'accord, peuvent disposer de leurs biens comme ils l'entendent ; le partage entre-vifs, fait conjointement par les père et mère ou des ascendants à un autre degré, peut donc comprendre les biens de la communauté ou de la société d'acquêts existant entre les donateurs ; les biens propres et les biens communs sont réunis en une seule masse, laquelle est divisée en autant de lots égaux qu'il y a d'enfants. — Cassation, 31 juillet 1867 (N° 3561-1 du *Journal*) ; — C. Caen, 25 janvier 1888 (N° 3259 du *Journal*).

Soit que la femme ou ses héritiers acceptent ou renoncent à la communauté, à sa dissolution, le partage est valable. — Aubry et Rau, t. 8, § 731, note 7 ; — Demolombe, t. 23, n°s 80-83 ; — Laurent, t. 15, n° 49 ; — Colmet de Santerre, t. 4, n° 244 ; — Réquier, n° 134 ; — Genty, p. 152 ; — Bonnet, t. 1, n° 270 ; — Guillouard, t. 2, n° 703).

Les biens de la communauté ne sauraient rentrer dans un partage anticipé fait seulement par un des deux époux : — Tribunal de Rambouillet, 6 mars 1884 (N° 467 du *Journal*) ; — Tribunal Audenarde, 29 octobre 1884 (N° 851 du *Journal*) ; — Tribunal Vesoul, 9 avril 1895 (N° 5751 du *Journal*). — V. ég. le n° 5919 du *Journal*.

La femme seule ne peut pas partager entre ses

enfants les biens de la communauté, ou de sa part dans cette communauté, car elle ne sait même pas si elle aura jamais une part ; cela dépend du parti qu'elle prend à la dissolution : si elle renonce, elle est censée n'avoir jamais eu aucun droit sur les biens communs. (Aubry et Rau, t. 6, page 223, notes 13 et 14 ; — Laurent, t. 15, n° 50).

Il est aussi certain que le mari seul ne peut pas partager entre ses enfants les biens de la communauté, ou de sa part dans cette communauté, car, pendant la durée de l'association conjugale, il n'y a pas de part.

Toutefois, le partage fait par le mari seul pourrait devenir efficace et valable dans les deux cas suivants :

1° Si la femme renonce à la communauté, après sa dissolution, et assure ainsi au mari la propriété des biens partagés ;

2° Si le mari n'avait disposé que des objets mobiliers de la communauté, sans s'en réserver l'usufruit, ou même des immeubles, si cet abandon était fait en vue de l'établissement des enfants communs. — (Aubry et Rau, t. 8, § 731, note 4 ; — Demolombe, t. 23, n° 86 ; — Réquier, n° 135 ; — Bonnet, t. 1, n° 253-254).

Biens indivis.

L'époux survivant peut procéder au partage de ses biens, en les réunissant, dans la même opération, avec ceux de l'époux prédécédé. Ce mode de procéder a même le grand avantage d'éviter les difficultés de la liquidation des reprises ou indemnités entre époux ; mais, comme il est de principe que l'ascendant ne peut disposer que de ce qui lui appartient, il faut alors établir avec soin une distinction précise, dans la répartition des biens, des deux origines.

S'il y avait des mineurs ou autres incapables, le partage des biens dépendant de la succession de l'ascendant prédécédé ne pourrait être fait qu'en observant les formes judiciaires ; mais lorsque tous les donataires sont majeurs et maîtres de leurs droits, ils peuvent partager comme ils entendent les biens dont ils sont saisis du chef du prédécédé ; l'opération comprend alors deux partages : un partage de succession et un partage d'ascendant. — (Aubry et Rau, t. 8, § 731 ; — Demolombe, t. 23, nᵒˢ 89 et 90 ; — Genty, p. 159 ; — Réquier, nᵒ 138 ; — Bonnet, t. 1, nᵒˢ 248 et 249).

V

RÉPARTITION DES BIENS ; FORMATION ET COMPOSITION DES LOTS

La composition des lots est, sans contredit, la partie la plus importante, la plus laborieuse, la plus délicate du partage d'ascendant ; la pratique notariale a conseillé une foule de combinaisons diverses, toutes ingénieuses, sans doute, mais il ne saurait convenir de s'y arrêter autrement, car toutes sont vicieuses et dangereuses, en raison des mécomptes auxquels elles peuvent exposer les parties et le notaire ; en la circonstance, il n'y a malheureusement pas de texte ; la doctrine et la jurisprudence, qui ne reposent pas toujours sur le fondement inébranlable des textes, qui ne subissent pas toujours l'influence des faits, ont créé une obligation à l'ascendant, puis l'ont sanctionnée à peine de nullité ; elles ont fait la loi, à laquelle on doit absolument se soumettre, quelque rigoureuse qu'elle soit.

L'article 1075 du Code civil, en disant que l'ascendant peut faire la distribution de ses biens entre ses descendants, établit le principe que cet acte est un partage ; dès lors, l'opinion générale est que l'on doit appliquer au partage d'ascendant la disposition de l'article 832 du même code, ainsi conçue :

« Dans la formation et composition des lots, on doit
« éviter autant que possible de morceler les héritages et
« de diviser les exploitations ; et il convient de faire en-
« trer dans chaque lot, s'il se peut, la même quantité de
« meubles, d'immeubles, de droits ou de créances de
« même nature et valeur. »

La majorité des auteurs et la jurisprudence constante de la Cour de Cassation, devant l'autorité de
laquelle les cours d'appel ont toutes plié, décident
que les ascendants, à peine de nullité, toutes les fois
que c'est matériellement possible, sont tenus de faire
entrer dans chaque lot la même quantité de meubles,
d'immeubles, de droits et de créances de même nature
et valeur, de façon à ce que chaque copartageant ait
sa part en nature des biens donnés et partagés ; que
les articles 826 et 832 du Code civil s'appliquent au
partage d'ascendant, lequel est ainsi soumis à la
grande règle de l'égalité, qui est de l'essence de tout
partage, et que si les ascendants réunissent les pouvoirs nécessaires pour procéder au partage de leurs
biens, ils ne peuvent cependant pas se placer au-
dessus des règles établies par ces deux articles, à
l'observation desquelles ils se trouvent soumis par
cela même qu'ils n'en ont pas été dispensés : Merlin :
Rép. V. *Part d'ascend.*, N° 12 ; Malleville, art. 1078 ;
Favard : *Part d'ascend,* n° 2 ; Grenier, T. 1, N° 399 ;
Toullier, T. 5, N° 806 : Duranton, T. 9, n° 569 ;
Vazeille, art. 1079-9 ; Troplong, T. 4, N° 2304 ; Massé
et Vergé, T. 3, § 503, N° 4 ; Aubry et Rau, T., 8,
§ 732 note 1 ; Demolombe, T., 23, N° 201 ; Bonnet,

3.

T., 1, N° 282 ; Cassation : 16 août 1826, 12 avril 1831, 11 mai 1847, 18 décembre 1848, 11 août 1856, 9 juin 1857, 18 août 1859, 24 juin 1868, 24 mars 1869, 18 janvier 1872, 24 décembre 1873, 8 mars 1875 (1).

En constatant la doctrine et la jurisprudence sur cette question, en conseillant tout spécialement aux praticiens de s'y conformer toujours et rigoureusement, toutes les fois, bien entendu, que c'est matériellement possible, nous déclarons sincèrement que cette opinion n'a pas nos sympathies ; nous le regrettons même très vivement, car il y a évidemment incompatibilité radiale entre les règles de l'article 832 et le partage d'ascendant ; nous demeurons persuadé que les ascendants se trouveront presque toujours dans l'impossibilité de faire un partage qui réponde pleinement aux besoins et aux désirs de leurs enfants.

A notre sens, l'article 832 du Code civil concerné uniquement les partages judiciaires, dans lesquels les lots ne peuvent pas être formés par attributions, mais tirés au sort ; alors que le partage d'ascendant est conventionnel, puisque le législateur autorise l'ascendant à distribuer ses biens par voie d'attribution ; le principe d'égalité que l'on invoque aussi n'est nullement blessé quand un lot est composé de meubles et un autre d'immeubles, si les lots sont égaux.

1. Il est de jurisprudence constante que les dispositions de ces articles ne sont applicables aux partages d'ascendants qu'autant que les immeubles compris dans le partage sont divisibles en nature, s'ils sont au contraire impartageables, l'ascendant peut les attribuer en totalité à l'un des copartagés et ne mettre dans les autres lots que des valeurs mobilières.

L'article 1075 est muet sur les règles du partage ; l'ascendant doit donc être seul juge de faire le partage selon sa sagesse ; du moment que la loi lui permet de partager ses biens entre ses enfants, il faut bien admettre qu'elle le constitue par cela même seul juge des convenances, puisque seul il connait le besoin et le goût de ses enfants ; du reste, l'orateur du Gouvernement a dit, en toutes lettres, que le partage d'ascendant permettra d'éviter les démembrements et de régler la répartition des biens de manière à rendre heureux chacun des enfants en consultant ses goûts et ses aptitudes.

L'esprit de la loi est donc de laisser une grande liberté au père de famille, afin d'éviter les démembrements et de conserver à l'un des enfants l'asile commun de la famille ; le père ne peut pas éviter le démembrement s'il est enchaîné par l'article 832 qui lui commande de démembrer tout ce qui peut être divisé. On lui rend ainsi la mission impossible si on lui ordonne de consulter uniquement la nature et la qualité des biens.

La jurisprudence est l'une des sources les plus fécondes, mais on y attache généralement une autorité exagérée ; la Cour de Cassation n'est cependant pas infaillible, et nombre de ses arrêts sont même mal motivés, si l'on y regarde de près.

Nous croyons que la doctrine et la jurisprudence sont engagées dans une voie aussi fausse que funeste, en voulant maintenir, avec une vigueur extrême, l'application de l'article 832 au partage d'ascendant.

Malgré cela, nous recommandons d'en suivre la solution.

On s'accorde, toutefois, à décider que cette règle de l'article 832 n'a rien d'absolu, en ce sens que l'ascendant est dispensé de l'observer dès que son application présenterait de graves inconvénients ; l'appréciation des circonstances qui légitiment une dérogation est abandonnée au juge ; c'est donc essentiellement une question de fait.

Lorsqu'il est bien établi que la distribution par portions égales des diverses natures de biens est matériellement impossible, quand les immeubles sont impartageables, ou ne le sont pas commodément et sans dépréciation, l'ascendant est alors autorisé à faire entrer les immeubles dans certains lots, les meubles dans d'autres, ou même à attribuer à l'un des enfants la totalité des immeubles, en lotissant les autres au moyen de soultes ou retours en argent.

De même, lorsque les meubles sont affectés à une exploitation indivisible, le donateur peut les attribuer en totalité à l'un des enfants, à charge de payer une soulte à ses frères et sœurs.

Mais la déclaration du père ne suffirait pas pour constater l'impossibilité de les diviser.

V. Merlin : Rép. V. *Part. d'ascend.* N° 12 ; Toullier, T. 5, N° 806 ; Grenier, T. 1. N° 399 ; Delvincourt, T. 2, p. 150 ; Duranton, T. 9, N° 658, Aubry et Rau, T. 8, § 730, note 2 ; Demolombe, T. 23, N° 204 ; Laurent, T. 15, N° 68 et suiv. ; Cassation, 24 juin 1808, 23 mars 1809, 24 décembre 1873, 8 mars 1875, 25 février 1878. Lorsque le partage n'est pas composé de lots de pareille quantité de meubles et d'immeubles, alors qu'il n'y a pas de circonstances de nature à dispenser l'ascendant du mode de répartition que l'article 832 établit, le partage est nul; la nullité peut être demandée par l'enfant qui a à se plaindre de cette irrégularité; l'action ne peut être arrêtée par l'offre que ses cohéritiers lui feraient d'un supplément de portion héréditaire; nul comme donation, cette nullité rend nécessaire un nouveau partage et non pas seulement une réduction de lots ou parts, de manière à rétablir l'égalité entre les copartageants (Cassation, 10 novembre 1847, 21 août 1848, 25 février 1856). L'action en nullité ne s'ouvre qu'à la mort de l'ascendant, car le partage n'existe qu'après le décès du donateur.

Le partage ne peut donc être confirmé utilement du vivant de l'ascendant; mais après sa mort, le partage pouvant être attaqué peut aussi être confirmé (Cassation, 6 février 1860, 20 août 1864, 18 janvier 1872)(1).

Pendant la vie du donateur, les donataires ne sont pas recevables à critiquer l'usage qu'il a fait de sa fortune, alors que rien ne l'obligeait à se dessaisir.

L'action en nullité se prescrit par dix ans, à partir

1. L'action en rescision peut s'éteindre par la renonciation expresse ou tacite.

L'exécution du partage par un des copartageants n'empêche pas les autres d'en demander la nullité, mais au cas où cette nullité est prononcée, celui qui a ratifié le partage en l'exécutant ne peut en profiter.

de la date du décès de l'ascendant, lorsqu'elle est formée contre un partage entre-vifs, et seulement par trente ans, à partir du même jour, si le partage a eu lieu par acte de dernière volonté.

Lorsque les père et mère ont distribué leurs biens par un seul et même acte, en confondant les biens paternels et maternels dans une seule masse, le délai ne court que du décès du dernier mourant des ascendants (Aubry et Rau, T. 8, § 734, note 53; Demolombe, T. 23, N° 227; Cassation, 24 juin 1868, 25 août 1869, 27 juillet 1874, 25 mai 1876, 25 février 1890).

Il y a aussi, comme toujours, des arrêts contraires, et Laurent (t. 15, N° 118), déclare que les motifs qu'ils donnent lui paraissent décisifs (Agen, 17 novembre 1856, 16 février 1857).

VI

EFFETS ET CONDITIONS DU PARTAGE D'ASCENDANTS

Les effets du partage d'ascendants ne sont pas les mêmes, s'il s'agit d'un partage par donation entre-vifs ou d'un partage testamentaire.

1° Du partage d'ascendants fait par acte entre-vifs.

Fait par acte entre-vifs, le partage d'ascendants est soumis aux règles prescrites pour les donations ordinaires.

Du moment que la donation est parfaite, les enfants acquièrent la propriété des biens compris dans le partage ; la transmission est actuelle et irrévocable.

A l'égard des tiers, les biens partagés sortent du patrimoine du donateur à partir de l'acte s'il s'agit de meubles et du jour de la transcription s'il s'agit d'immeubles.

A la mort de l'ascendant, sa succession s'ouvre ; le partage produit alors tous les effets qui y sont attachés ; s'il y a lieu à un partage supplémentaire, les biens donnés entre-vifs ne sont pas rapportables,

puisqu'ils sont des biens partagés ; l'enfant qui renonce à la succession conserve les biens qu'il a reçus
entre-vifs, jusqu'à concurrence du disponible ; il perd
seulement le droit à la réserve et doit subir la réduction si la donation dépasse le disponible. — (Laurent, t. 15, n° 91 ; Requier, p. 161 et suiv. ; Demante,
t. 4, n° 143 bis 4). Il est de doctrine et de jurisprudence que les biens compris dans un partage d'ascendants fait sous la forme de donation entre-vifs, doivent être rapportés fictivement à la succession du
donateur pour le calcul de la quotité disponible et de
la réserve ; on applique les règles que l'article 922
du code civil établit. — (Aubry et Rau, t. 8, p. 632,
note 12; Colmet de Santerre, t. 4, n° 245 bis; — Laurent, t. 15, n° 155 ; Requier, n° 226 ; — Cassation, 18
décembre 1854, 17 août 1863, 14 mars 1866, 30 mars
1874 et 7 mars 1876) (1).

2° Du partage d'ascendants fait par testament.

La transmission des biens compris dans un partage
testamentaire ne s'opère qu'au décès de l'ascendant
qui partage ses biens pour le temps où il ne sera

1. Lorsque, dans un partage d'ascendant, le père donateur
attribue à l'un de ses enfants marié en communauté, exclusivement des valeurs mobilières, la stipulation que lesdites
valeurs ne tomberont point en communauté, est nulle et sans
effet, quant à la réserve à laquelle l'enfant donataire avait
droit dans la succession du donateur.
Aubry et Rau, t. 5, § 507, note 20. Colmet de Santerre, 9. 7,
n° 21 bis 4. Laurent, 9. 21, n° 277. Cassation, 6 mai 1885.

plus ; il reste donc, jusqu'à cette époque, maitre de révoquer son testament-partage.

Les enfants restent héritiers *ab intestat*, ils sont tenus des dettes à charge de la succession, même *ultrà vires*, à moins qu'ils ne l'acceptent sous bénéfice d'inventaire.

Si l'ascendant aliénait tous les biens compris dans un lot, l'enfant à qui ce lot avait été attribué se trouverait sans part ; il serait donc omis et le partage serait nul, comme n'ayant pas été fait entre tous les enfants.

Lorsque l'acte, par suite de l'aliénation, ne peut plus valoir comme partage, il tombe pour le tout ; mais si le partage est encore légal, il ne sera point révoqué par le fait de l'aliénation, l'enfant dont le lot est diminué aura cependant une action en indemnité.

Mais si les changements partiels survenus dans l'état ou la valeur des biens portaient atteinte à la réserve, ou dénaturaient absolument ce partage, ce dernier serait nul. —(Demolombe, t. 23, n° 96; Aubry et Rau, t. 8, p. 33).

Lorsque l'enfant décède avant l'ascendant, sans laisser d'enfant, le partage est maintenu ; il n'y a lieu qu'à un supplément de partage de biens qui formaient le lot de l'enfant prédécédé.

3° *Conditions.*

L'ascendant donne ses biens sous les conditions qu'il juge convenables, pourvu qu'elles ne dépendent pas exclusivement de sa volonté, qu'elle ne soient pas contraire aux lois, à l'ordre public ou aux bonnes mœurs, car alors elles seraient nulles ou réputées non écrites.

4° Action résolutoire. — Révocation.

Entre l'ascendant et les enfants, l'acte est une libéralité, donc une donation ; l'inexécution des conditions donne lieu à l'action résolutoire dans les contrats à titre onéreux ; la loi l'admet sous le nom de révocation dans les donations entre-vifs, mais il est de doctrine et de jurisprudence que le partage n'est pas soumis à l'action résolutoire : si les donataires ne remplissent pas les conditions du partage, l'ascendant a le droit de demander la résolution du contrat, mais il n'a pas de privilège spécial. — Aubry et Rau, t. 8, p. 216 et suiv. ; Laurent, t. 15, n° 74 ; Genty, p. 228 et suiv. ; — Demolombe, t. 23, n° 125; Requier, n° 83 ; Bonnet, t. 2, n° 446).

5° Privilège et garantie.

Les copartageants ont un privilège pour la garantie des soultes ; ce privilège doit être inscrit dans les soixante jours à dater du partage, ou il dégénère en hypothèque : mais ils n'ont pas d'action en résolution pour cause d'inexécution des conditions.

Ils sont tenus de l'obligation de garantie que la loi

impose à ceux qui partagent une succession ; ils demeurent donc respectivement garants les uns envers les autres des troubles et évictions qui procèdent d'une cause antérieure au partage ; celui des enfants qui éprouve une éviction relativement aux biens compris dans son lot, peut, avant le décès de l'ascendant, exercer une action en garantie contre les autres. — (Aubry et Rau, t. 8, 733, notes 8 et 9 ; Demolombe, t. 23, n°s 115-16-134 ; — Colmet de Santerre, t. 4, n° 243 bis).

6° *Interdiction d'aliéner et d'hypothéquer.*

L'ascendant stipule souvent que les enfants ne pourront pas aliéner les biens donnés de son vivant ou qu'ils n'en pourront disposer que de son consentement (N°s 53, 65, 68 et 236 du *Journal*).

Cette clause n'a rien de contraire à l'ordre public, lorsque le père stipule que les biens ne pourront être aliénés qu'avec son consentement, puisque l'aliénation peut se faire ; mais elle est de stricte interprétation, car si elle n'empêche pas l'exercice du droit de propriété d'une manière absolue, elle l'entrave cependant ; elle doit donc être stipulée en termes clairs et précis, avec une grande attention, car établie purement et simplement, d'une façon illimitée, elle serait vraisemblablement annulée (Laurent, t. 15, n° 36 ; Delombe, t. 23, n°s 294 et suiv. ; Cassation, 20 avril 1858 et 21 juillet 1868 ; Rennes, 21 mars 1862).

Jugé par la Cour de Cassation, le 24 avril 1894 (n° 5184 du *Journal*) que lorsque dans un partage anticipé les père et mère ont interdit à leurs enfants d'hypothéquer les biens donnés pendant leur vie sans consentement exprès et par écrit, il peut être décidé par les juges du fait, suivant les circonstances de la cause, que cette interdiction est restreinte aux hypothèques conventionnelles et qu'elle ne s'étend pas aux hypothèques légales et judiciaires (V. le n° 5319 du *Journal*).

7° Donation par préciput de l'excédent des lots.

En prévision du cas où l'un des lots serait d'une valeur supérieure aux autres, l'ascendant peut faire, par préciput, donation ou legs, de l'excédent à celui ou à ceux dans les lots duquel il existerait.

L'ascendant peut aussi, par une clause qui doit être stipulée avec discernement, priver l'enfant qui attaquera le partage, de sa part dans la quotité disponible, laquelle, pour ce cas, est attribuée, par préciput, à ceux des enfants qui le respectent.

Cette clause serait nulle dans le cas où le partage porterait atteinte à la réserve légale, mais elle est valable si la cause de nullité ou de rescision ne concerne que l'intérêt privé des donataires (Aubry et Rau, t. 8, p. 26 ; Demolombe, t. 23, n° 181 ; Laurent, t. 15, n° 128 ; Bonnet, n° 390 ; Cassation, 9 décembre

1862, 22 juillet 1874, 26 juin 1882 et 11 juillet 1883) (1).

8· *Paiement des dettes.*

Le donateur peut imposer aux donataires l'obligation de payer ses dettes actuelles ; de même, s'il avait contracté des dettes envers ses enfants, ou quelques-uns d'entre eux, il pourrait stipuler qu'il se trouvera libéré vis-à-vis de ces derniers, comme condition de la donation-partage.

Et en raison de la controverse qui existe sur le point de savoir si les enfants donataires sont tenus des dettes de l'ascendant donateur, les praticiens agiront très prudemment en faisant toujours expliquer clairement les parties à ce sujet.

En effet, on enseigne généralement que les donataires ne sont tenus d'acquitter les dettes existant au moment du partage, qu'autant qu'une clause expresse de l'acte les en a chargés, car ce ne sont que des successeurs à titre particulier, et les successeurs à titre particulier ne sont pas tenus des dettes. (Aubry et Rau, t. 8, 733, note 6 ; Demolombe, t. 23, n° 128 ; Laurent, t. 15, n° 75 ; Colmet de Santerre, t. 4, n° 243 bis ; Genty, n° 235).

Nous avons enseigné que les donataires prennent part au partage comme héritiers, et nous pensons qu'ils sont tenus au paiement des dettes dont les biens

1. Le partage par testament qui renferme un legs préciputaire excédant la quotité disponible, n'est pas sujet à rescision, mais seulement à réduction.

sont grevés ; l'ascendant, en distribuant ses biens, entend certainement charger ses héritiers présomptifs de liquider son passif ; en acceptant la donation et le partage, les enfants se soumettent tacitement à cette charge envers le donateur et les créanciers ; l'ascendant ne donne que ce qu'il a, à moins qu'il ne veuille frauder ses créanciers et puis avec quoi paierait-il ses dettes s'il ne lui reste rien (1) ! (Duranton, t. 9, n° 630 ; Grenier, n° 295 ; Rolland de Villargué : Rep. *Part d'ascend.*, n° 59 ; Delvincourt, t. 2, n° 359 ; Marcadé, art. 1076 ; Troplong, t. 4, n° 2310 ; Requier, n° 101 ; Bonnet, t. 2, n° 473 ; Cassation, 19 février 1824).

9° *Réserve d'usufruit* (2).

Les ascendants, en faisant le partage par acte entre-vifs, peuvent réserver à leur profit l'usufruit d'une partie ou de la totalité des biens donnés, mais s'ils veulent se donner réciproquement l'usufruit ainsi réservé, ils ne peuvent le faire que par actes séparés.

Les deux époux qui font réciproquement entre leurs enfants le partage de leurs biens, en se réservant l'usufruit, ne peuvent donc pas stipuler que

1. En ce qui concerne les créanciers chirographaires. V. *Petite Corresp.* après n° 4896 du *Journal.*
2. V. les n° 21, 64, 146, 156, 178, 232, X, 321, 370-1, 804-V-1151-11, 1430-111, 1497, 1507, 1801, 1809 1813, 1986-111, 2355 111, 3015-VII du *Journal.*

cet usufruit appartiendra en totalité au survivant ; cette clause de réversibilité n'est qu'une donation réciproque entre époux, contenue dans le même acte ; elle est nulle et non avenue, comme contraire aux disposition de l'article 1097 du code civil ; elle est seulement réputée non écrite, mais elle n'entraine pas la nullité du partage (Aubry et Rau, t. 8, n° 743, notes 12 et 13; Demolombe, t. 6, n^{es} 449 et 450 ; Laurent, t. 15, n° 324 ; Requier, n° 139; Bonnet, t. I, n° 276; Cassation, 26 mars 1855, 14 novembre 1865 ; 26 juil-1869 et 19 janvier 1881).

La pratique notariale a également indiqué plusieurs formules, pour tourner la difficulté, mais, comme toujours aussi, toutes sont vicieuses comme dissimulant une donation mutuelle, il n'y a qu'un seul moyen pratique :

Faire deux actes de donation, distincts et séparés, par lesquels les époux se font donation mutuelle de l'usufruit, puis l'acte de partage par les père et mère à leurs enfants, de la nue-propriété seulement de leurs biens, en se réservant l'usufruit, leur vie durant et jusqu'au décès du survivant, avec mention expresse des actes de donation, lesquels sont révocables, il est vrai, mais on ne peut régulièrement procéder autrement.

10° Rente viagère.

Au lieu de l'usufruit, les ascendants imposent aussi à leurs enfants l'obligation de leur servir une rente viagère, avec clause de réversibilité présentant également les mêmes caractères, réversible en totalité, sans réduction, sur la tête du survivant.

Le conseil d'Etat a cependant émis l'avis que la prohibition de l'article 1097 n'atteignait pas la rente viagère, en vertu de l'article 1973 du même code (Avis des 15-17 avril 1886).

Selon nous, la clause de réversibilité de la rente viagère au profit du survivant est nulle aussi et sans effet, nous ne conseillons pas d'y recourir. Il est préférable de stipuler une rente viagère suffisante mais réductible de moitié au décès du premier mourant des ascendants donateurs.

VII

DES CAUSES POUR LESQUELLES LE PARTAGE PEUT ÊTRE ATTAQUÉ.

À la mort de l'ascendant, sa succession s'ouvre ; les enfants recueillent l'hérédité telle qu'elle a été partagée ; le partage produit alors tous les effets qui y sont attachés : il y a lieu au privilège pour soulte, les enfants sont tenus à la garantie et ils y ont droit, ainsi qu'au privilège qui l'assure ; le partage est soumis aux actions en nullité, en rescision, en réduction (Demolombe, t. 23, nos 139 et 145 ; Laurent, t. 15, no 90)

L'article 1078 du code civil est ainsi conçu :

« Si le partage n'est pas fait entre tous les enfants qui
« existeront à l'époque du décès et les descendants de ceux
« prédécédés, le partage sera nul pour le tout. Il en
« pourra être provoqué un nouveau dans la forme légale,
« soit par les enfants ou descendants qui n'y auront reçu
« aucune part, soit même par ceux entre qui le partage
« aurait été fait ».

Le partage auquel tous les héritiers ne concourent point est un acte n'ayant aucune existence aux yeux de la loi, ne pouvant être confirmé, ne produisant aucun effet ; n'ayant jamais existé, les enfants se

4

trouvent en état d'indivision, tous ont droit d'y mettre fin (1).

La nullité du partage pour omission d'enfants est opposable au tiers acquéreur de biens compris dans le partage; en conséquence, ce dernier est tenu de restituer les biens pour qu'ils soient compris dans un nouveau partage.

La clause par laquelle l'ascendant se porte fort pour l'enfant omis et promet de faire ratifier par lui le partage est licite ; par suite les héritiers de l'enfant omis ne sont pas recevables à demander du chef de celui-ci la nullité du partage lorsqu'ils sont en même temps les héritiers de l'ascendant donateur. (Duranton, t. 9, n° 643 ; Demolombe, t. 23, n° 168 ; Laurent, t. 15, n° 94 ; Genty, p. 301 et suiv ; Réquier, n°s 166-168 ; Cassation, 5 novembre 1877 ; Lyon, 6 mars 1878).

De la rescision pour cause de lésion.

L'article 1079 du code civil dit que le partage d'ascendant pourra être attaqué pour cause de lésion de plus du quart.

L'enfant donataire est lésé lorsqu'il n'a pas les trois quarts de sa portion héréditaire dans les biens distri-

1. Les petits-enfants, ou autres descendants, ne peuvent être considérés comme omis au partage, lorsque leur auteur y a été compris, et alors ils sont censés lotis dans la personne de leur père, soit qu'ils aient accepté sa succession, soit qu'ils y aient renoncé.

bués, alors même qu'il aurait reçue une libéralité par préciput et que cette donation, ajoutée à son lot, lui donne les trois quarts et au-delà de la part qui lui appartiendrait dans la masse totale des biens de l'ascendant, s'ils avaient tous fait l'objet du partage ; il est donc lésé et peut demander la rescision du partage. (Duranton, t. 9, n° 648 ; Aubry et Rau, t. 8, § 734, note 8 ; Demolombe, t. 23, n° 176 ; Laurent, t. 15, n° 107 ; Genty, p. 305 ; Réquier, n° 179).

Pendant la vie de l'ascendant l'action en rescision sommeille ; elle ne peut être intentée ; elle ne s'ouvre qu'à la mort de l'ascendant (1) et doit être intentée dans le délai de dix ans, si le partage est fait par donation entre-vifs, et de trente ans s'il a lieu par testament.

Quand les biens ont été confondus, à raison de l'indivisibilité, l'action ne peut être intentée qu'après la mort des deux époux.

Sans distinction entre les meubles et les immeubles, la lésion s'estime, si l'action se réfère à un partage entre-vifs :

D'après l'état des biens au moment du partage et d'après leur valeur au jour du décès ;

Et si le partage est testamentaire, les biens sont évalués d'après leur état et leur valeur au jour du décès.

Dans le cas où il existe plusieurs actes successifs de partage, c'est sur le résultat total de ces actes comparés que doivent être appréciés les avantages qui auraient été faits à l'un des enfants.

1. V. les n°s 232, 944, 2313, 2490 et 2931 du *Journal*.

On doit faire abstraction de toutes les améliorations ou détoriations provenant du fait des donataires ou tiers possesseurs (Aubry et Rau, t. 8, § 734, note 12 ; Massé et Vergé, t. 3, § 511, note 4 ; Demolombe, t. 6, n⁰ˢ 182-183-217 et suiv. ; Barafort, p. 45 et suiv. ; Bertauld : *Quest. prat.*, t. 2, n⁰ 121 ; Genty, p. 317 ; Bonnet, t. 2, n⁰ˢ 633 et suiv. ; Cassation, 12 juin 1867, 25 août 1869, 15 mai 1876 et 16 décembre 1878);

L'opinion contraire, professée par quelques auteurs, doit céder devant la résistance de la Cour de Cassation (Laurent, t. 15, n⁰ˢ 119 et suiv. ; Larombière, *Tr. des Oblig.*, t. 4, art. 1034, n. 42, p. 70 ; Réquier, n⁰ 134 et suiv. ; *Rev. prat.*, t. 26, p. 193 ; Agen, 8 juillet 1868).

La rescision pour cause de lésion de plus du quart, emporte la résolution des aliénations dont les biens attribués aux copartagés ont été l'objet de leur part.

L'enfant qui attaque le partage doit faire l'avance des frais de l'estimation et il supporte tous les frais si sa réclamation n'est pas fondée.

Lorsque la lésion de plus du quart est prouvée, le tribunal doit prononcer la rescision et ordonner un nouveau partage, à moins que le défendeur n'offre au demandeur le supplément de sa portion héréditaire en nature ou en argent.

Lorsque le partage est annulé pour cause de rescision, les copartagés sont replacés en état d'indivision ; tous les actes qu'ils ont faits sont nuls, si les biens dont ils ont disposé ne tombent pas dans leur lot par le nouveau partage (1).

1. V. cassation, 26 juillet, 1887, (n⁰ 2315 du *Journal*)

De la réduction pour atteinte portée à la réserve.

Après avoir dit que le partage d'ascendant peut être attaqué pour lésion de plus du quart, ce même article 1079 ajoute :

« Il pourra l'être aussi dans le cas où il résulterait du « partage et des dispositions faites par préciput, que l'un « des copartagés aurait un avantage plus grand que la loi « ne le permet. »

L'action ouverte par cette deuxième disposition n'est pas une action en rescision, c'est une disposition toute spéciale au partage d'ascendant, qui n'anéantissant pas l'acte, permet aux descendants de demander la réduction des avantages excessifs qui auraient pu être faits à l'un des copartagés, c'est-à-dire lorsque l'un des enfants a un avantage plus grand que la loi ne le permet ; il ne suffit pas que la réserve soit entamée pour que notre article soit applicable, il faut que l'avantage excessif résulte tout ensemble du partage et des dispositions faites par préciput au profit de l'un des copartagés.

Il faut donc que l'ascendant ait avantagé l'un de ses enfants de deux manières : par le partage et par une libéralité préciputaire.

La jurisprudence est bien établie en ce sens que l'action ouverte en l'espèce est une action en réduction (Aubry et Rau, t. 8, § 734, note 42 ; Laurent, t. 15, n° 142 ; Réquier, n°s 208 et suiv.).

Toutefois nous devons dire que le plus grand nombre des auteurs enseigne au contraire que cette action est aussi une action en rescision (Delvincourt, t. 2, p. 161 ; Grenier, t. 2, n° 401 ; Duranton, t. 9, n° 614-650-651 ; Genty, n° 50 ; Troplong, t. 4, n° 2333, Demolombe, t. 6, n° 189 ; Bonnet, t. 2, n° 599 ; Bertauld, n° 236 ; Colmet de Santerre, t. 4, n° 247 bis 8).

En présence de la jurisprudence constante, nous n'adoptons pas cette opinion. (Cassation, 6 juin 1852 et 17 août 1863.)

L'action en réduction peut être formée exclusivement contre l'enfant avantagé, sans qu'il soit besoin de mettre en cause les autres copartageants ; il n'en est pas de cette action comme de l'action en rescision du partage.

Le défendeur à l'action en réduction ne peut en arrêter le cours par l'offre d'un supplément en numéraire ; l'enfant lésé a droit à un supplément en nature ; l'article 891 du code civil n'est pas applicable au cas où le partage d'ascendant est attaqué pour atteinte à la réserve.

Pour vérifier si un partage fait entre-vifs contient une atteinte à la réserve, il faut s'attacher à la valeur des biens au moment du décès du donateur et non au moment du partage ; le droit d'agir ne s'ouvre donc qu'à la mort de l'ascendant. Le copartagé ne peut renoncer à son droit qu'après la mort, car on ne peut faire aucune convention sur une succession non ouverte.

L'action se prescrit aussi par dix ans et cette prescription ne court, non à partir du jour du partage entre-vifs, mais à partir du décès de l'ascendant (Aubry et Rau, t. 8, § 734, note 51 ; Demolombe, t. 6.

nº 210, Laurent, t. 15, nº 1521 ; Colmet de Santerre,
9. 4, nº 247 bis 11 ; Réquier, nº 234 ; Bonnet, t. 2,
nº 624).

CONCLUSION.

Incertitudes, contradictions, cahos d'opinions. dédale
d'impossibilités juridiques, fictions, inconséquences
flagrantes, difficultés insolubles, théorie n'ayant
aucun appui ni dans les textes, ni dans les vrais principes, conflits entre le sens moral, l'équité et le droit,
il y a réellement de tout dans les partages d'ascendants entre-vifs, lesquels renferment surtout deux
éléments divers et opposés ; étant tout ensemble un
partage, c'est-à-dire un acte distributif, déclaratif
de propriété et une donation entre-vifs ou testamentaire : soit un acte qui transfère la propriété de la
tête du donateur sur celle du donataire ; il y a donc
là deux éléments contraires, donnant lieu à des con-
troverses sans fin, car il n'est pas toujours facile de
faire à chacun d'eux sa part et d'un autre côté, l'un
ne doit jamais absorber l'autre ; cependant il n'y a
pas de questions sur lesquelles la jurisprudence ait
tant varié ; la doctrine a changé avec les tribunaux
et les auteurs soutiennent entre eux une lutte qui
n'est pas terminée.

Par suite des causes nombreuses de nullité ou rescision qui peuvent l'atteindre, en raison des formes
solennelles auxquelles il est assujetti, à cause des
difficultés de droit qu'il soulève à chaque pas, le partage d'ascendants est l'acte le plus laborieux, le plus

délicat, le plus menaçant de la pratique notariale ;
il expose le notaire à bien des actions en responsabi-
lité, on ne doit procéder à sa rédaction qu'après
avoir étudié avec soin tous les titres, s'être pleinement pénétré des intentions des parties, s'être rendu
compte de la valeur exacte de tous les biens, avoir
fixé mathématiquement la liquidation et les droits
respectifs des parties, le lotissement des biens à partager ; en un mot, il faut connaitre très exactement
la capacité civile et toutes les circonstances de la
cause.

Nous ne conseillons pas aux praticiens qui reçoi-
vent les partages d'ascendants d'y insérer des clauses
diverses qui permettent aux ascendants de se mettre
à l'abri de l'ingratitude de leurs enfants, ou des
combinaisons suggérées pour dissimuler des actions
en nullité ou rescision ; mais, en raison de la propriété toute résoluble, précaire et instable des immeubles ayant leur origine dans des partages d'ascendants, non seulement pendant la vie du donateur
comme après son décès, mais encore jusqu'au délai
de la prescription, et en attendant la révision de notre
législation sur ce point intéressant de notre droit,
nous croyons que la pratique notariale doit faire, le
moins possible, des partages d'ascendants et donner
pour conseil aux ascendants de réaliser eux-mêmes
toute leur fortune mobilière, pour en distribuer
ensuite le produit, par part égale, en espèces de
monnaie, à tous leurs descendants qui l'emploieront
à leur convenance.

Le partage d'ascendants offre des avantages, bien

précieux, puisqu'il permet aux enfants de venir en aide à leurs parents en leur procurant des moyens d'existence au moyen d'une pension viagère. Mais on ne saurait nier qu'il présente de graves inconvénients ; même autrefois, où la donation était essentiellement révocable, cet acte ne jouissait pas d'une grande faveur, à en croire cet adage (1) :

Qui le sien donne avant mourir
Bientôt s'apprête à moult souffrir.

Voici du reste, les paroles de Berlier, lors de la discussion du projet du code civil :

« Rien de plus louable que le partage d'ascendant entre
« enfants non avantagés ; rien de plus dangereux, rien de
« plus odieux entre enfants dont la condition a cessé d'être
« égale, parce que ce serait presque toujours un moyen de
« tromper la nature et la loi (2). »

Le notaire doit donner lecture aux parties des articles 12 et 13 de la loi du 23 août 1871 ; nous voudrions qu'il fût tenu de leur faire lecture, avant de commencer la rédaction de l'acte de partage, des paroles que nous rapportons, même de les transcrire en tête de l'acte, après les avoir développées et commentées à toutes les parties, dans un langage grave et digne, car les ascendants ne font pas toujours le

---

1. Loysel. *Institutes coutumières*, n° 668.
2. Bigot-Préameneu. *Exposé des motifs*, n° 70.

partage avec esprit d'équité ; ils abusent trop souvent de la faculté que leur donne la loi pour avantager indirectement un enfant préféré, aux dépens de
ses frères et sœurs ; l'acte qui, dans la pensée du
législateur, doit maintenir la concorde dans les
familles, devient alors une source de discorde et de
haine.

Formules.

A notre sens, ceux qui déconseillent l'emploi des formules à ceux qui prétendent que tout est à refaire pour les
mettre en harmonie avec les progrès de la science moder-
ne, s'illusionnent et se trompent également ; la pratique
notariale est édifiée à ce sujet.

Il est certain qu'il est dangereux de les copier servile-
ment, mais employées avec discernement, les formules
consacrées par l'usage, rendent à tous, notaires et clercs,
de réels services, en simplifiant le travail, en permettant
d'éviter des oublis, de commettre des erreurs et des mé-
prises, toujours préjudiciables, quelquefois irréparables ;
elles éclairent les points obscurs ou douteux, facilitent le
labeur du praticien.

Ces formules ne sauraient être modifiées totalement, sans
de grands dangers, sans nuire à l'acte, à son exactitude, sa
clarté, sa force et sa précision.

Des changements s'imposent cependant, car la vie n'est
pas stationnaire ; les formules doivent être apropriées aux
exigences présentes ; on doit tenir au passé par les bonnes
traditions, mais il ne faut pas oublier les progrès des
temps modernes qui nous ouvrent l'avenir, sans lequel le

passé n'aurait même aucune valeur ; les sentiments, les idées, les habitudes, les besoins des hommes varient avec la marche du temps, sous l'influence des nouvelles mœurs, des lois et des besoins nouveaux ; on ne doit pas chercher ces améliorations dans le passé ; la perfection humaine n'est pas derrière nous, mais il faut être excessivement prudent dans toute innovation, surtout en ce qui concerne le notariat, où la tradition joue un si grand rôle.

La rédaction des actes doit être claire, nette et précise. Se borner à constater simplement et exactement toutes les conventions des parties contractantes; dire tout ce qu'il faut, mais rien que ce qu'il faut, en termes juridiques autant que possible.

I

FORMULE DU PARTAGE D'ASCENDANTS FAIT PAR ACTE ENTRE-VIFS.

L'an 1897, le...

Devant Mᵉ Gauthier, notaire à Beaujeu (Rhône) ;

En la présence réelle de deux témoins instrumentaires ci-après nommés (1).

On comparu :

M. Émile Tainture, propriétaire rentier, et Jeanne Genoud, son épouse qu'il autorise, demeurant ensemble à Beaujeu ;

Lesquels, pour expliquer la donation entre vifs, à titre

1. Il est totalement inutile d'ajouter : *soussignés* car on termine toujours tous les actes en constatant la signature des parties, du notaire et des témoins.

de partage d'ascendants, qu'ils vont faire, par les présentes à leurs enfants et petits-enfants, seuls présomptifs héritiers de la nue-propriété de tous leurs biens, meubles et immeubles, ont sommairement exposé ce qui suit :

Exposé.

M. et Mme Tainture comparants, se sont mariés, tous deux en première noces, à la mairie de Beaujeu, le 20 juin 1846, ils ont fait précéder leur union civile d'un contrat de mariage en réglant les conventions matrimoniales passé devant M⁰ Damas, alors notaire à Beaujeu, le 15 du même mois de Juin 1846.

Aux termes de ce contrat de mariage, ils ont adopté le régime exclusif de la communauté, conformément aux articles 1530 à 1535 du code civil ; ils ne se sont pas fait de donation mutuelle entre époux.

De leur union sont nés les trois enfants suivants :

PREMIÈREMENT. — Mme Louise Tainture, décédée *intestat*, en son domicile à Beaujeu, épouse de M. Auguste Durand, propriétaire, demeurant au dit lieu, le..... laissant pour seuls héritiers, chacun par moitié, ses deux enfants mineurs, issus de son mariage avec M. Durand, leur tuteur légal, lesquels sont :

1° Edouard Durand, né à Beaujeu, le 8 juin 1881.

2° Jeanne Durand, née à Baujeu, le 29 mai 1884.

DEUXIÈMEMENT. — M. Léon Tainture, négociant en vins, demeurant à Beaujeu.

TROISIÈMEMENT. — Et M. Charles Tainture, cafetier, demeurant aussi à Beaujeu.

Usant de la faculté que leur accordent les articles 1075 et suivants du Code civil, ils veulent faire la distribution et le partage de tous leurs biens, avec le soin le plus scrupuleux, l'équité la plus réelle, l'impartialité la plus parfaite mais en nue-propriété, et, pour répondre aux exigences de la jurisprudence, en pareil cas, ils se sont fait donation, au profit du survivant de l'usufruit pendant sa vie, de tous les biens dont la nue-propriété va faire l'objet des présentes, suivant deux actes reçus en présence de témoins, par Me Gauthier, notaire soussigné à la date d'hier.

M. et Mme Tainture entendent maintenir expressément l'effet de ces deux actes de donation, se réserver l'usufruit des biens qui vont être donnés et partagés, pendant leur vie, jusqu'au décès du survivant d'eux ; par suite, chacun des donataires sera propriétaire, à compter d'aujourd'hui, des biens compris dans le lot qui lui sera attribué, mais il n'en jouira qu'au décès du survivant des donateurs.

Cet exposé terminé il est aussitôt passé à la donation, objet des présentes.

Donation

Par les présentes, M. et Mme Tainture font donation entre-vifs, à titre de partage d'ascendants :

A leurs enfants et petits-enfants, seuls présomptifs héritiers, tous sus-nommés, qualifiés et domiciliés, lesquels sont :

1o M. Léon Tainture pour 1/3.

2o M. Charles Tainture, pour 1/3

3o M. Edouard Durand et Mlle Jeanne Durand, mineurs frère et sœur germains, issus du mariage de Mme Louise Tainture, fille des donateurs, décédée épouse de M. Auguste Durand.

Conjointement pour le dernier 1/3, ou chacun pour 1/6 par représentation de leur mère.

Ce qui est expressément accepté :

5

Par MM. Léon et Charles Tainture, tous deux ici présents ;

Et par M. Auguste Durand, également ici présent, aux noms de ses deux enfants mineurs Edouard et Jeanne Durand, dont il est le père et le tuteur légal (1).

De la nue propriété, pour y réunir l'usufruit au décès

1. Si les enfants mineurs étaient ceux des donateurs, l'acceptation serait ainsi faite :

Et pour les deux mineurs : Edouard et Jeanne Tainture, par M. Emile Tainture, leur père en ce qui concerne les biens donnés par Mme Tainture, et par cette dernière en ce qui concerne les biens donnés par M. Emile Tainture.

L'acceptation, par un mandataire, se fait dans ces termes:

A M... ce qui est expressément accepté pour lui par M... ici présent, son mandataire spécial aux termes de la procuration qu'il lui a donnée par acte passé en minute, et en la forme solennelle par M·   notaire à   le dont une expédition légalisée est demeurée ci-jointe après avoir été de M... mandataire, certifiée sincère et non révoquée, et revêtue de la mention d'annexe.

On décide généralement que cette procuration doit être passée en la forme solennelle, en minute, et qu'une expédition doit être annexée à la donation.

Une procuration en brevet serait certainement suffisante, mais comme tout est de rigueur en cette matière, nous conseillons d'exiger une procuration en minute ; lorsque cette procuration existe en minute dans l'étude du notaire qui dresse la donation, il est alors superflu d'en annexer une expédition à la donation.

Par suite des difficultés réelles de fond et de forme que présentent les donations entre-vifs, et aussi des pures exigences et subtilités légales dont elles sont encore bien inutilement hérissées, les praticiens ne sauraient se montrer trop prudents; à tous les points de vue, l'emploi de la forme authentique et en minute ne peut jamais être considérée comme frustratoire.

seulement du survivant des donateurs, de tous leurs biens meubles et immeubles, dont suivent la désignation et l'origine de propriété.

PREMIÈREMENT : DÉSIGNATION

§ 1er. — *Meubles.*

1• Les meubles, objets et effets mobiliers.

Tels au surplus que tous ces objets sont décrits et estimés, article par article, en un état dressé par les donateurs, en vue des présentes, à la date de ce jour, sur une feuille au timbre de 1,20.

Cet état, sans surcharge ni rature, demeure ci-annexé, après avoir été certifié sincère par les donateurs et donataires, M. Durand ès-noms, et revêtu d'une mention ordinaire d'annexe.

Cet état sera enregistré avec les présentes.

2°....

Total de la masse mobilière : 72.000, ci 72.000.

Dont le 1/3 est de 24.000 fr.

Et le 1/6, de 12.000 fr.

§ 2. — *Immeubles.*

1° Une maison...

2° Une maison, etc.

. . . .

Total de la masse immobilière : 240.000 francs.

Dont le 1/3 est de 80.000 francs.

Et le 1/6 de 40.000 francs.

Deuxièmement. — ORIGINE DE PROPRIÉTÉ

§ 1er. — Biens propres à M. Tainture.

§ 2. — Biens propres à Mme Tainture.

Déclaration relative aux dettes des donateurs.

M. et Mme Tainture, donateurs, déclarent que les biens dont la nue-propriété est présentement donnée, sont absolument libres de toute dette ou charge quelconque.

Formation des lots. — Attribution et partage.

Des biens meubles et immeubles qui viennent d'être désignés, et dont la nue-propriété est présentement donnée, M. et Madame Tainture père et mère, et tous les donataires, M. Durand aux noms de ses deux enfants mineurs, tous d'un concours commun, d'une participation collective, ont fait la distribution, la composition des lots et les attributions suivantes :

PREMIER LOT.

M. Léon Tainture.

Pour remplir M. Léon Tainture de son tiers dans les biens donnés, soit 24.000 dans les meubles et 80.000 francs dans les immeubles, M. et Mme Tainture donateurs, avec l'assentiment de tous les donataires, lui attribuent, à titre de partage d'ascendants, ce qu'il accepte expressément, savoir :

En biens meubles.

. . . .

Total égal à son 1/3 dans la masse mobilière : 24.000 fr.

En biens immeubles.

. . . .

. Total égal à son 1/3 dans la masse mobilière : 80.000 fr.
Procéder ainsi pour chacun des donataires.

Réserve d'usufruit. — Entrée en jouissance.

M. et Mme Tainture donateurs, chacun pour ce qui le
concerne, se réservent expressément l'usufruit des biens
donnés, pendant leur vie, jusqu'au décès du survivant
d'eux.

En conséquence, chacun des donataires sera donc propriétaire, à compter de ce jour, des biens compris dans
son lot, mais il n'en jouira qu'à partir du jour du décès du
survivant des donateurs.

Conditions.

Le présent partage d'ascendants est fait et accepté sous
les charges, clauses et conditions suivantes, que les donataires, chacun pour ce qui le concerne, M. Durand ès-noms
s'obligent à exécuter très fidèlement :

De payer tous les frais, droits et honoraires auxquels
donneront ouverture les présentes, ensemble ceux de la
transcription qui en sera faite au bureau des hypothèques
de... (1).

1. Il ne rentre pas nécessairement dans le ministère du
notaire de faire transcrire la donation immobilière qu'il reçoit, il n'est donc pas en sa seule qualité de notaire, respon-
sable du défaut de transcription, mais comme on peut toujours
ergoter sur le point de savoir s'il a ou non reçu le mandat
tacite d'y procéder, le mieux est d'accomplir d'office la for-

D'acquitter, à partir du décès du survivant des donateurs, les impôts et contributions de toute nature, des
biens entrés dans son lot.

De souffrir toutes les servitudes passives, apparentes ou
occultes, continues ou discontinues, pouvant grever les
immeubles à lui attribués en nue-propriété, sauf à s'en
défendre et à profiter de celles actives, s'il en existe, à
ses risques et périls.

A ce sujet, M. et Mme Tainture, donateurs, déclarent
que les immeubles présentement partagés, ne sont, à leur
connaissance, grevés d'aucune servitude.

De prendre le tout dans l'état où il se trouvera au moment de l'entrée en jouissance ; il n'y aura alors aucune
réclamation pour le mauvais état des meubles, des bâtiments et construction, pour quelque cause que ce soit, ni
pour excédant de contenance, quand même la différence
en plus ou en moins serait supérieure à un vingtième.

De faire, pendant toute la durée de l'usufruit, les gros-
ses et menues réparations qui pourraient être nécessaires.

De leur côté, M. et Mme Tainture, donateurs, s'engagent
à jouir de leur usufruit, conformément aux prescriptions
de la loi.

Interdiction d'aliéner (1).

En raison de la réserve d'usufruit stipulée à leur profit,
M. et Mme Tainture, donateurs, interdisent expressément

malité ; tout étant piège en cette matière, il faut faire transcrire tous les actes constitutifs : procuration, autorisation,
etc.

1. En cette matière, la rédaction joue souvent un rôle pré-
pondérant : libellée de telle manière, une clause sera valable,
tandis que formulée, différemment, les tribunaux l'annule-

aux donataires qui s'y soumettent et acceptent, de vendre, aliéner ou hypothéquer, pendant la vie et celle du survivant des donateurs, sans leur consentement exprès et par écrit, tout ou partie des biens donnés, à peine de nullité des actes et même de révocation des présentes.

Donation éventuelle d'excédent de lots.

Dans le cas peu présumable, où l'un des lots serait d'une valeur supérieure à l'autre, M. et Mme Tainture font donation, par préciput et hors part, de l'excédent à celui des donataires dans le lot duquel il se trouverait exister, ce qui est expressément accepté par chacun d'eux, M. Durand ès-noms toujours.

ÉTAT CIVIL.

Situation hypothécaire.

M. et Mme Tainture déclarent :

Qu'ils sont l'un et l'autre mariés en premières noces, sous le régime sus-indiqué.

Qu'ils ne sont pas et n'ont jamais été tuteurs ni comptables de deniers publics.

Et que les immeubles, objet du présent partage, ne sont grevés d'aucune inscription ou autres charges quelconques.

ront, on ne saurait donc jamais trop peser ses expressions, éviter le vague et l'ambiguité, s'imprégner des raisons pour lesquelles la jurisprudence maintient ou invalide des clauses qui, à première vue, paraissent semblables.

Evaluation pour l'enregistrement.

Pour la perception des droits d'enregistrement, toutes les parties déclarent que l'estimation donnée aux biens est sincère.

Domicile.

Pour l'entière exécution des présentes, les parties élisent domicile à Beaujeu, en l'étude de M⁰ Gauthier, notaire soussigné.

Mention.

Avant de clore, M⁰ Gauthier, notaire soussigné, a donné lecture aux parties qui le reconnaissent, des articles 12 et 13 de la loi du 23 août 1871.

Dont acte ;

Fait et passé à Beaujeu, au domicile de M. et Mme Tainture, donateurs.

En la présence réelle de :

M...

Et M...

Demeurant et domiciliés tous les deux à Beaujeu, témoins instrumentaires requis par les parties elles-mêmes.

Et toutes les parties ont signé avec les témoins instrumentaires et le notaire après lecture.

La lecture entière du présent acte, par M⁰ Gauthier notaire, sa signature par toutes les parties, ont eu lieu en la présence réelle et simultanée des deux témoins instrumentaires requis.

II

FORMULE DU PARTAGE D'ASCENDANT, PAR L'ÉPOUX SURVI-
VANT FAIT PAR ACTE ENTRE-VIFS (1).

L'an 1897, le. . .

Devant M⁰ Gauthier, notaire à Beaujeu (Rhône);

En la présence réelle des deux témoins instrumentaires
ci-après nommés ;

Ont comparu ;

1⁰ M. Emile Tainture, propriétaire, demeurant à. . . .
veuf en premières noces et non remarié de Mme Annette
Revillard, décédée *intestat*, en son domicile, à. . . .
le. . . et avec laquelle il était marié sous le régime de la
communauté légale, à défaut de contrat ayant précédé leur
union civile, célébrée à la mairie de. . . le. . . .

2⁰ M. Louis Tainture, agriculteur, demeurant à. . . .

3⁰ Mademoiselle Marie Tainture, sans profession, céliba-
taire majeure, demeurant avec M. Tainture, son père.

4⁰ M. Jules Tainture, négociant, demeurant à. . . .

5⁰ Et M. Lucien Tainture, ingénieur, demeurant à. . .

Les enfants Tainture, frères et sœurs germains seuls
présomptifs héritiers, chacun pour 1/4 de M. Emile Tainture, leur père, et seuls héritiers de Madame Tainture, leur
mère, pour la même quotité, ainsi que le constate un acte
de notoriété dressé, à défaut d'inventaire, par M⁰ Gauthier,
notaire soussigné, le. . . .

Lesquels, pour arriver à la donation, à titre de partage

1. Cette formule est tout spécialement recommandée,
comme étant claire, simple, et complète cependant.

d'ascendant, par M. Emile Tainture, à tous ses enfants, seuls présomptifs héritiers, de ses biens propres et de la portion lui revenant dans ceux indivis avec la succession de sa défunte épouse, et au partage entre ceux-ci tant des biens donnés que de ceux provenant de la succession de leur mère, ont établi ainsi qu'il suit la masse des biens à y comprendre, avec désignation, estimation et distinction d'origine.

MASSE

§ 1er. — Biens de communauté. . .
§ 2e. — Biens propres à M. Emile Tainture. . .
§ 3e. — Biens propres à Madame Tainture, décédée. .

Etablissement de la propriété des dits biens.

La masse des biens ainsi établie et leur origine de propriété faite, il est aussitôt passé à la donation et partage.

§ 1er. — DONATION.

M. Emile Tainture, usant de la faculté que lui accordent les articles 1075 et suivants du code civil, a par les présentes, fait donation entre-vifs, à titre de partage d'ascendant.

Aux dits M. Louis Tainture, Mlle Marie Tainture, M. Jules Tainture et M. Lucien Tainture, ses quatre enfants et seuls présomptifs héritiers, tous ici présents et qui acceptent expressément :

1° De la totalité des biens propres au donateur désigné sous les articles. . . . de la masse.

2° Et de la moitié appartenant à M. Emile Tainture dans

les biens de la communauté légale d'entre lui et sa défunte épouse, désignés sous les articles. . . . . de la même masse.

La présente donation est faite et acceptée aux charges, clauses et conditions qui seront exprimées ci-après et à la condition expresse que les donataires procèderont immédiatement, en présence, sous la médiation avec le concours du donateur, au partage en 4 lots, tant les biens donnés que de ceux dépendant de la succession de Madame Tainture, née Rouillard, leur mère.

5ᵉ PARTAGE.

1ᵉʳ lot. — M. Louis Tainture.

Pour remplir M. Louis Tainture de son quart dans les biens compris au présent partage, tous les autres copartageants et M. Tainture donateur, lui abandonnent, ce qu'il accepte :

2ᵉ..., 3ᵉ..., *et* 4ᵉ *lot.*

Conditions ordinaires et particulières du partage.

Rentes viagères.

En outre, la présente donation-partage est consentie et acceptée, à la charge par les donataires, de servir à M. Emile Tainture, leur père, une rente annuelle et viagère de. . . . que les donataires, s'engagent à lui payer, par 1/4 entre eux et sans solidarité, en sa demeure à. . . en. . . . termes égaux, à compter de ce jour, jusqu'à son décès, les . . . .

TRANSCRIPTION

ETAT CIVIL

Domicile. . . . .

Évaluation pour l'enregistrement.

Pour la perception des droits d'enregistrement, toutes les parties déclarent :

Que le revenu annuel, net d'impôt, des biens propres à M. Emile Tainture et de la 1/2 lui revenant dans ceux de la communauté, est de. . . . .

Et que la valeur des biens propres à la défunte et de sa part dans ceux de communauté, est de. . . . . . .

Lecture des articles 12 et 13 de la loi du 23 août 1871.

Dont acte ;

Fait et passé à. . . . . au domicile de M. Emile Tainture.

En la présence réelle de :

M.

Et M.

Demeurant et domiciliés l'un et l'autre à Beaujeu témoins instrumentaires requis par les parties elles-mêmes.

Et toutes les parties ont signé avec les témoins instrumentaires et le notaire, après lecture.

La lecture entière du présent acte, par M. Gauthier notaire, sa signature par toutes les parties ont eu lieu en la présence réelle et simultanée des deux témoins instrumentaires requis.

III

FORMULE DU PARTAGE D'ASCENDANT FAIT PAR TESTAMENT OLOGRAPHE.

Je soussigné,

Emile Tainture, propriétaire rentier, demeurant à Beaujeu (Rhône).

Usant de la faculté que me donnent les articles 1075 et suivants du code civil, étant bien pénétré de l'équité que le législateur suppose aux ascendants, jouissant d'une bonne santé, et sain d'esprit ; Ai fait, pour le temps où je n'existerai plus, la distribution et le partage, par acte testamentaire, en la forme olographe, de tous mes biens meubles et immeubles, entre mes enfants et petits-enfants, seuls présomptifs héritiers, de la manière suivante.

Mais pour l'expliquer j'estime nécessaire de résumer, en un exposé fidèle et rapide, l'historique de ma vie civile, ce que je fais ainsi qu'il suit :

Je me suis marié en premières noces avec Jeanne Fontaine, à la mairie de Beaujeu, le 30 août 1853 ; mon épouse et moi avons fait précéder notre union civile d'un contrat de mariage, contenant adoption du Régime de la communauté d'acquêts, passé devant Me Charles, alors notaire à Beaujeu, le 24 août, même mois ; ma femme était veuve en premières noces, avec un enfant que je nomme plus loin.

Je juge inutile d'entrer dans d'autres détails, relativement à nos apports respectifs en mariage, ou au sujet des bénéfices communs, par suite des faits qui ont eu lieu depuis le décès de ma première femme et que je vais énoncer.

De mon premier mariage, j'ai eu les trois enfants suivants :

1° Victorine Tainture, aujourd'hui veuve de Louis Chanalet, marchande de rouennerie, demeurant à Beaujeu.

2° Gustave Tainture, demeurant à Lyon.

3° Et Louise Tainture, épouse d'Adrien Chanard, propriétaire, avec lequel elle demeurait à Beaujeu, où elle est décédée *intestat*, représentée aujourd'hui par ses deux enfants mineurs, ses seuls héritiers et qui sont : Alfred et Claude Chanard, demeurant avec leur père, leur tuteur naturel et légal.

Ma première femme est décédée en notre domicile à Beaujeu, le 27 février 1869, me laissant pour donataire, en usufruit, de la quotité disponible, aux termes de l'article 8 de notre contrat de mariage sus-énoncé et pour seuls héritiers, chacun pour 1/4 ses quatre enfants, savoir :

Les trois enfants sus-nommés, que nous avions eus de notre union et celui qu'elle avait de son premier mariage, M. François Saccard, négociant en vins, demeurant à Beaujeu.

Toujours en raison des faits qui vont être énoncés, il n'y a pas eu lieu de déterminer la quotité disponible que m'avait léguée ma femme, veuve avec enfant lors de notre mariage.

L'inventaire après le décès de mon épouse a été dressé par Me Charles, notaire à Beaujeu, suivant procès-verbal, en date au commencement, du 17 mars 1869.

Encore pour les mêmes motifs, je ne donne pas non plus l'analyse de cet inventaire.

Suivant acte passé devant Me Charles, notaire à Beaujeu, le 10 avril 1869, l'enfant que ma femme avait au moment de notre union, M. François Saccard, m'a cédé tous ses droits mobiliers et immobiliers, sans exception, qu'il avait du chef de sa mère, moyennant un prix que je lui ai payé aux termes de l'acte qui en porte quittance.

En raison de l'âge de mes enfants, et à cause surtout de ma situation commerciale, je me suis remarié en secondes noces, à la mairie de Beaujeu, le 21 juillet 1872, avec ma femme actuelle, Julienne Prost; notre contrat de mariage a été reçu par ledit Me Charles, le 15 juillet 1872 ; nous avons adopté le régime exclusif de communauté : outre son trousseau, ma femme a apporté en mariage une somme totale de 30.000 francs nette de toute charge; j'ai encaissé depuis la totalité de ces 30.000 fr. ; depuis, elle n'a recueilli aucune succession, n'a bénéficié d'aucun don ou legs, en sorte que ses reprises actuelles en deniers demeurent fixées à cette somme de 30.000 fr.

Je dirai plus loin, la façon dont j'entends qu'il soit tenu compte à ma femme de ses reprises en deniers.

Aux termes de notre contrat de mariage, j'ai fait donation, au profit de ma femme, pour le cas où elle me survivrait, d'une rente annuelle ou viagère de 720 fr., à partir du jour de mon décès, payable par semestres échus, en son domicile, par mes héritiers.

A ce sujet, je fixe dès maintenant le capital de cette rente viagère à 6000 fr. seulement.

Voici dans toute sa simplicité, mon raisonnement à ce sujet :

Ma femme a aujourd'hui 59 ans; la rente viagère perd de sa valeur avec le temps, car elle a la durée de la vie de la personne sur la tête de laquelle elle repose; or, rien n'est plus aléatoire que les ans que dure la vie humaine; quels que soient les risques effectifs de mortalité, je compte vivre encore quelques années; c'est la valeur, au jour de mon décès, qui doit être déterminée et que je fixe à 6000 fr.

Quant à la disposition d'après laquelle la rente viagère doit être multipliée par 10, je ne m'y arrête pas autrement,

car elle n'est établie que pour la perception des droits d'enregistrement, mais elle ne saurait être appliquée comme
faisant loi en matière civile.

Je fixe ainsi le capital de cette rente viagère en raison
de la quotité disponible de ma fortune que je calcule plus
loin, loyalement et sincèrement.

De mon second mariage, j'ai eu deux enfants savoir :

Léon Tainture et Félix Tainture, encore tous les deux
mineurs, demeurant avec moi.

Suivant acte reçu par M⁺ Charles, notaire à Beaujeu, le
30 juillet 1877, Madame veuve Chanalet et M. Gustave
Tainture, majeurs et maîtres de leurs droits, m'ont l'un et
l'autre cédé tous leurs droits successifs, mobiliers et immobiliers leur revenant du chef de leur mère, moyennant des
prix payés comptant, dont l'acte contient quittance.

Enfin, par autre acte aux minutes du même notaire,
du 26 juillet 1880, mon autre enfant de mon premier mariage, Madame Chanard, née Louise Tainture, m'a également cédé tous ses droits successifs, mobiliers et immobiliers du chef de sa mère, pour un prix aussi payé comptant et dont l'acte porte quittance.

Je n'ai pas rendu de compte de tutelle aux enfants de
mon premier mariage qui tous m'ont cédé la totalité de
leurs droits successifs.

C'est ensuite de ces faits que je n'ai pas donné de détails
en ce qui concerne mon premier contrat de mariage, et
l'inventaire dressé au décès de ma première femme.

Si l'action du mineur contre son père tuteur, à raison de
reprises de sa mère, ne se prescrit que par 30 ans, à partir de sa majorité, il est de principe que toutes autres
actions du mineur contre son tuteur, se prescrive par dix
ans, à compter de la même époque, ce qui s'applique aussi
à la reddition du compte de tutelle ; ma situation, à cet
égard, est donc régulière aujourd'hui, puisque tous mes

enfants de mon premier mariage sont âgés de plus de 35 ans et Madame Chanard est décédée plus de 10 ans après sa majorité.

Aux termes de trois actes reçus les 18, 20 et 22 janvier 1890, par Me Gauthier, notaire à Beaujeu, successeur immédiat de Me Charles, j'ai fait donation, en avancement d'hoirie sur ma succession, à charge de rapport, à mes trois enfants de mon premier mariage, savoir :

1° A Mme veuve Chanalet, de la somme 12.000 fr., ci......................... 12.000 »»

2° A M. Gustave Tainture, de celle de 10.000 fr., ci........................... 10.000 »»

3° Et à Mme Chanard, de celle de 8.000 fr., ci. 8.000 »»

Soit d'une somme totale de 30.000 fr., ci..... 30.000 »»

J'ai payé comptant ces trois sommes à mes enfants et les actes en contiennent quittance.

Ces quelques explications sommaires sont suffisantes.

J'établis de la manière suivante la masse exacte de ma fortune.

§ 1er Masse mobilière.

1° Mon mobilier de ménage, mes chevaux, voitures, harnais et tous les objets mobiliers, meubles meublants, généralement quelconques, sans exception ni réserve aucune qui garnissent et se trouvent dans ma maison d'habitation.

Je joins à mon testament un état descriptif et estimatif de tous ces effets mobiliers que j'ai dressé sur deux feuilles de papier au timbre de 1.20.

L'estimation exacte donnée par cet état est de 8.000, ci............................... 8.000 »»

A reporter.... 8.000 »»

| | Report.... | 8,000 »» |

Ce chiffre sera toujours aussi exact que possible, car j'entends maintenir le tout dans
son état actuel ou le remplacer, quand il y
aura lieu, dans de bonnes conditions.

2° Une créance hypothécaire sur M. Philippe...
au capital de 40.000, produisant des intérêts à 5 0/0, ci........................ **40,000 »»**

3° Une autre créance hypothécaire sur
M. Louis... au capital de 50.000 fr., productive d'intérêts à 5 0/0, ci................. **50,000 »»**

4° Une créance résultant d'un contrat de
vente de 20.000, productive d'intérêts à
5 0/0, ci......................... .... **20,000 »»**

Ces 3 créances résultent de trois actes aux
minutes de Mᵉ Gauthier, des..... Et si ces
créances m'étaient remboursées, j'aurai
soin de replacer les fonds d'une manière
sûre et avantageuse, de façon, qu'à mon
décès, on retrouve toujours ces trois créances ou leur équivalent, et même pour en
faciliter la recherche, j'indiquerai alors, par
une annotation en marge et au crayon, sur
mon testament même, ce que sont devenus
les fonds de ces trois créances.

5° Un titre de 1200 fr., de rente française,
3 0/0, inscrit à mon nom, sous le n°... de
la... série.

Ce titre de rente se trouvera également en
nature, dans ma succession, car je le des-
tine à faire face aux reprises en deniers de
ma femme.

En conséquence, mes enfants et petits-enfants

| | A reporter.... | **118.000 »»** |

Report.... 118.000 »»

s'entendront alors avec ma veuve, soit
pour le transférer, soit pour le faire imma-
triculer au nom de ma femme.

Je porte donc ici ce titre de rente, pour mémoire seulement, ci...................... mémoire.

Dans le cas où ce titre de rente aurait une
valeur supérieure aux 30.000 fr. de reprises, j'engage mes héritiers à le laisser purement et simplement à ma femme, mais
pour le cas peu présumable où il aurait
une valeur inférieure, je les prie de par-
faire la différence, dans la proportion de
leurs droits respectifs.

6° 150 obligations au porteur, des chemins de
fer P. L. M. 5 0/0, portant les nᵒˢ de... à...
Je les porte ici pour une somme totale de.. 90.000 »»

Je conserverai toutes ces valeurs qui se re-
trouveront en nature lors de mon décès.

7° Enfin, une somme de 6.000 formant le
reliquat actif de mon compte courant chez
M... banquier......................... 6.000 »»

Je ferai en sorte d'avoir toujours au moins
une semblable somme au crédit de mon
compte.

§ 2. Masse immobilière.

1° La maison que j'habite à Beaujeu, avec
toutes ses dépendances, jardin, vigne, clos;
j'estime le tout...................... 34.000 »»

2° Une propriété située à Lantrigné (Rhône)
hameau des Bidons, comprenant une mai-

A reporter.... 254.000 »»

Report.... 254.000 »»

son d'habitation, cave, cuvier, clos, vignes, terres, près et bois ; j'estime le tout également .... 34.000 »»

3° Une maison bourgeoise, avec cour et jardin, située à Belleville-sur-Saône, que j'estime.. 20.000 »»

4° Une maison située à Beaujeu, dans laquelle s'exploite actuellement l'hôtel de..... que j'estime aussi....................... 20.000 »»

5° Une maison située à Beaujeu, où s'exploite aujourd'hui le café...., que j'estime...... 15.000 »»

6° Enfin une ferme située à Monsol (Rhône) hameau des Bergers, comprenant maison d'habitation, bâtiments, cour, jardin, terres, près et bois, que j'estime................ 30.000 »»

Total général de ma fortune, non compris le titre de 1200 fr., de rente française 3 0/0, ni les rapports dûs par mes héritiers issus de mon premier mariage................. 373.000 »».

Je me suis rendu compte bien sincèrement de la valeur actuelle de toute ma fortune ; pour l'estimation des meubles et des immeubles, j'ai pris l'avis de personnes compétentes.

Tous les titres de propriété des immeubles sont classés par ordre et avec soin, en des dossiers ayant chacun un titre spécial et indicatif ; on trouvera ces dossiers, à mon décès, dans le fond de mon coffre-fort.

Pour le calcul de la quotité disponible de mon patrimoine, il y a lieu d'ajouter les rapports dûs par les enfants de mon premier mariage, soit ensemble une somme de..... 30.000 »»

Ce qui donne une somme de................ 403.000 »»

J'ai légué à ma femme, par contrat de mariage, une rente annuelle et viagère de 720 fr. et j'estime le capital de cette rente, à mon décès, à 6000 fr. par suite des raisons que j'ai données.

Comme j'avais des enfants de mon premier mariage, je ne pouvais donner à ma femme actuelle, qu'une part d'enfant légitime le moins prenant et sans que, dans aucun cas, cette libéralité puisse excéder le quart de mes biens.

Pour déterminer cette part, on compte les enfants du premier et du second lit; si l'un des enfants est prédécédé laissant des descendants, ceux-ci sont comptés pour une seule tête; lorsque le nombre d'enfants est déterminé, on y ajoute encore le nouveau conjoint.

J'ai cinq enfants, ma femme aurait donc droit à 1/6 de ma succession.

On admet généralement le concours du disponible ordinaire et du disponible exceptionnel de l'article 1094 du code civil : mais l'article 1098 du même code, qui est seul applicable à mon cas, n'établissant pas de disponible spécial, il ne peut pas être question, en la circonstance de cumuler, le disponible ordinaire et le disponible de cet article 1098 ; il n'y a donc alors qu'un seul disponible sur lequel s'imputent les libéralités que l'époux fait, soit à son conjoint, soit à des étrangers; en d'autres termes, je peux donner à ma femme actuelle une part d'enfant légitime le moins prenant et faire des libéralités de la différence entre le disponible de l'article 1098 et celui du droit commun qui est pour moi du 1/4 de tous mes biens.

Je pouvais donc léguer à ma seconde épouse
1/6 de ma fortune qui est une somme de
403.000, soit une somme de.... 67,166,65
Et la quotité disponible ordinaire est du 1/4   100.750 »»

A reporter........ 100.750 »»

Report....... 100.750 »»

D'où il y a lieu de déduire le capital de la
rente viagère que j'ai léguée à ma seconde
épouse, soit............................ 6.000 »»

Il reste donc de disponible, une somme ————
de............................ 94.750 »»

Dont je peux librement disposer au profit de qui bon me
semble, soit mes enfants, soit des étrangers, par préciput
et hors part, sans entamer la réserve légale.

En conséquence :

Je donne et lègue, par préciput et hors part, par suite
avec défense de tout rapport à ma succession, savoir :

A François Saccard, enfant que ma première femme
avait au jour de notre mariage, 30 obligations au porteur,
des chemins de fer P. L. M. à prendre dans les 150 que
l'on trouvera à mon décès et celles portant les nos
dont je porte la valeur à 19.200, pour la facilité de mon
partage testamentaire seulement, sans aucune autre importance, entendant que François Saccard ait ces 30 obligations en pleine propriété et jouissance au jour de mon
décès, quelle que soit alors leur valeur.

Et aux deux enfants de mon second mariage : Léon Tainture et Félix Tainture, encore mineurs, 100 obligations des
mêmes chemins de fer, P. L. M. et celles portant les
nos   également à prendre dans les 150 qui seront dans
ma succession, à mon décès.

Je leur fais ce legs conjointement et si l'un d'eux me
prédécède j'entends que sa part soit recueillie par l'autre à
titre d'accroissement.

Ils auront donc droit, dès le jour de mon décès, à l'entière propriété et jouissance de ces 100 obligations, dont la
valeur est de 64.000, ».

J'entends également que ces obligations soient leur propriété à mon décès, quelle que soit alors leur valeur.

Toutefois, comme je ne veux disposer, par préciput et hors part, que sur la quotité disponible de mes biens, si, par suite de circonstances imprévues, cette libéralité préciputaire portait atteinte à la réserve légale, au jour de mon décès, j'entends et veux qu'elle soit réduite à la quotité disponible et proportionnellement, entre les trois légataires.

Je juge totalement inutile d'expliquer autrement ces dispositions préciputaires, car tous les miens savent que je n'ai aucune préférence; je les aime tous également; il ne m'est jamais arrivé d'avantager l'un deux aux dépens des autres; c'est le même sentiment de justice et d'équité qui m'inspire aujourd'hui, en agissant ainsi; les enfants de mon premier mariage, ainsi que mon gendre Chanard, tous au jugement sain, sont certainement de mon avis, tous m'approuvent, j'en ai l'intime conviction et tous exécuteront scrupuleusement mes dernières volontés.

Ma fortune actuelle, rapports compris, mais non le titre de rente, est de 403.000 fr. ci.		403.000 »»
Si j'en distrais les legs préciputaires que je viens de faire et qui sont :		
Pour M. François Saccard, de..	19.200 »»	
Et pour les deux mineurs Tainture, de....................	64.000 »»	
Soit ensemble, de :............	83.200 »»	83.200 »»
Il reste alors :......................		319.800 »»
Dont le 1/5 est de :..................		63.960 »»
Les 3/5 revenant à mes enfants et petits-enfants, sont de :...................		191.880 »»
Les 2/5 revenant à mes enfants mineurs sont de : 127.920, ci......................		127.920 »»
A cette somme, il y a lieu d'ajouter le legs		
A reporter........		127.920 »»

Report....	127,920»»
préciputaire de:........................	64.000 »»
Ce qui donne une somme totale de:........	191.920 »»
Dont 1/2 pour chacun est de:.............	95.960 »»

Pour me prouver l'exactitude de tous mes calculs, je dis :

La masse mobilière et immobilière de mes biens; titre de rente et rapports qui ne sont faits que fictivement non compris, est de :.. 373.000 »»

Or, il revient :

A mes enfants et mes petits-enfants, déduction des rapports, la somme de :..............	161.880 »»
Aux enfants de mon second mariage, y compris le legs préciputaire....................	191.920 »»
Le legs préciputaire fait à François Saccard, est de :........	19.200 »»
Total égal :....................	373.000 »» 373.000 »»

Ce qui prouve la justesse de mes calculs.

Comme j'entends ne rien laisser dans l'incertitude, afin d'éviter toute contestation ou réclamation à mon décès, je veux encore fixer les droits effectifs de mes enfants de mon premier mariage et ceux de mes petits-enfants, en tenant compte des rapports qu'ils doivent à ma succession, dans des proportions différentes et dire comment les reprises en deniers de ma femme seront réglées.

La part revenant à chacun de mes enfants de mon premier mariage et à mes petits-enfants, est de..	63.960 »»
Madame Chanalet doit le rapport de.......	12.000 »»
Les droits réels sont ainsi ramenés à......	51.960 »»

Gustave Tainture doit le rapport de 10000 ;
en sorte que ses droits effectifs sont ramenés
à.. 53,930 »»

Et mes petits-enfants, par représentation de
leur mère, doivent ensemble le rapport de
8000 ; leurs droits réels sont donc........... 55,930 »»
Donc 1/2 pour chacun est de.............. 27,930 »»

En résumé :

Les droits de mes enfants sont les suivants, savoir :
Madame veuve Chanalet............... 51,930 »»
Gustave Tainture..................... 53,930 »»
Le mineur Alfred Chanard.............. 27,980 »»
Le mineur Claude Chanard............. 27,980 »»
Le mineur Léon Tainture............... 95,930 »»
Le mineur Félix Tainture.............. 95,930 »»
                                    ——————
Ensemble......................... 353,890 »»
Si à cette somme on ajoute le legs préciputaire Saccard, qui est de.................. 19,... »»
On trouve également la somme totale de.. 373,000 »»
Soit toujours le chiffre de ma fortune actuelle.

Ce que je ne pense pas un seul instant, si l'un ou plusieurs de mes enfants ou petits-enfants venaient de me prédécéder, laissant des descendants, ceux-ci recueilleraient par représentation le lot que j'assigne à leur auteur, mais s'ils ne laissaient pas d'héritiers légitimes, la disposition que je fais serait caduque ; leurs lots retourneraient purement et simplement à ma succession, pour être partagés entre mes héritiers, conformément à la loi.

J'ai dit plus haut que les reprises en deniers de ma femme sont actuellement de 30.000 fr.

Ces reprises ne varieront pas, en ce sens que si elle

6

recueillait une ou plusieurs successions, ou s'il lui était fait des dons ou legs, ce qui n'est même pas présumable, j'emploierai alors avec soin toutes les sommes encaissées avec déclaration d'origine des deniers.

Et pour faire face aux reprises actuelles, j'ai mis en réserve le titre de 1200 fr. de rente française 3 0/0, lequel a même une valeur quelque peu supérieure, au cours de la Bourse.

A mon décès, mes héritiers trouveront, en nature, ce titre de rente dans ma succession.

Maintenant que j'ai fixé d'une façon exacte et précise l'importance de ma fortune actuelle; les droits de mes héritiers et de mon épouse, je vais procéder à la distribution de mes biens, en tenant compte des prédilections respectives des miens.

PARTAGE.

Premier lot.

Madame veuve Chanalet.

Pour tenir compte à Mᵐᵉ veuve Chanalet de la somme de 51960 fr., formant l'importance de ses droits réels.

Je lui donne et lègue :

D'abord par confusion en sa personne, son rapport de 12000 dont elle se trouve ainsi libérée.

Et d'une manière réelle et effective :

1° La maison que j'habite à Beaujeu; je sais qu'elle désire cet immeuble, pour y exploiter son commerce.

Son estimation est de.................... 34.000 »»

2° Tous les objets et effets mobiliers, meubles meublants, garnissant cette maison, à

A reporter.... 34.000 »»

Report...... 31,000

l'exception de mes chevaux, voitures et harnais.

L'estimation de ces objets, suivant l'état ci-
joint, est de............................... 6,500 »»

3° La 1/2 soit 10,000 de la créance sur
M. Jacques... résultant d'un contrat de vente,
ci...................................... 10,000 »»

4° 2 obligations des chemins de fer P.-L.-M.,
celles portant les n°°... pour leur valeur de : . 1,280 »»

5° Et 180 fr. à prendre sur mon compte courant chez un banquier M... ci............. 180 »»

Total égal à ses droits réels :............. 51,960 »»

Deuxième lot.

M. Gustave Tainture.

Pour remplir M. Gustave Tainture de la somme de
53,960 formant l'importance de ses droits réels.

Je lui lègue et donne :

Par confusion en sa personne, son rapport de 10,000,
dont il se trouve libéré.

Et d'une façon réelle et effective.

1° Etc., etc.

Nous estimons inutile de donner la composition de chaque lot ; le lotissement est actuellement sans difficulté ;
nous ajouterons cependant qu'il faut le faire avec soin et
précision toujours.

Service de la rente viagère.

La rente viagère de 720 fr. que j'ai léguée à ma femme,
pour le cas où elle me survivrait, lui sera régulièrement
servie pendant sa vie par mes enfants et petits-enfants,
dans la proportion de leurs droits respectifs.

Conditions.

I. — Chacun de mes légataires aura la pleine pro-priété et jouissance des biens entrés dans son lot, à comp-ter du jour de mon décès, aux charges ordinaires et de droit.

II. — Ils acquitteront, chacun séparément, à partir du même jour, tous les impôts des charges quelconques con-cernant les biens entrés dans leurs lots.

III. — Ils supporteront, chacun pour ce qui le concerne, toutes les servitudes passives, profiteront de celles actives des divers immeubles, le tout s'il en existe, ce que je ne crois pas, à leurs risques et périls, sans aucun recours.

IV. — Je désire que mon testament, que l'on trouvera dans mon coffre-fort, sous enveloppe fermée, avec titre, soit déposé à Mᵉ Gauthier, notaire à Beaujeu; il m'a aidé de ses lumières et de ses conseils; puis il est mon notaire depuis qu'il a succédé à Mᵉ Charles qui avait reçu mon premier contrat de mariage.

Le présent testament partage a été ainsi fait par moi, écrit en entier de ma main, en mon domicile à Beaujeu, le

Signature : E. Tainture.

IV

FORMULE DU PARTAGE D'ASCENDANT FAIT PAR TESTAMENT AUTHENTIQUE.

Le partage d'ascendant, par testament authentique, n'est certainement pas une impossibilité, nous recon-naissons même que dans des circonstances toutes ex-ceptionnelles, il est le seul mode qui puisse être employé ; mais la bonne pratique notariale doit cependant, pour tous les cas ordinaires, proscrire une forme périlleuse qui impose à l'ascendant, aux témoins et au notaire, une pratique excessive, car, pour être valable, il doit nécessairement être complet comme testament public. Quant au fond et quant à la forme ; le notaire doit observer rigoureusement toutes les conditions des dispositions de dernière volonté. Le testament partagé doit donc contenir l'indication complète de tous les biens légués ; c'est surtout cette longueur qui sera fatiguante ; l'acte peut bien être suspendu pendant un certain temps, puis repris, mais que de formalités à remplir alors.

Si l'ascendant, comme l'a proposé le *Journal des notaires*, n° 17815, pouvait faire son partage testamentaire, en établissant d'abord par un acte ordinaire, la masse et le lotissement de ses biens, puis, par simple référence à ce premier acte, distribuer les lots entre ses enfants, par un second acte, revêtu de toutes les formes testamentaires, ce moyen serait commode et pratique, mais ce mode de procéder, en opposition formelle avec les principes essentiels admis en la matière, par la doctrine et la jurisprudence, qu'un testament n'est valable que s'il contient l'indication non équivoque et complète du légataire et de la chose léguée, est aujourd'hui condamné et délaissé avec raison (Demolombe, T. 21, n° 41 à 43 ; Aubry et Rau, t. 7, § 647 ; Laurent, t. 13, n° 133 ; *Revue du notariat*, 1887, n° 7716 ; Belfort, 15 mai 1862 ; Cassation, 13 juin 1866).

Sans donc bannir impitoyablement le partage d'as-

6.

cendant par testament authentique, nous nous bornons à donner, à regret, le cadre succinct de la formule du partage sous cette forme, et nous engageons les notaires à ne pas recevoir des partages d'ascendants, par testament authentique, sauf, bien entendu, pour les cas fort rares où il ne pourrait être procédé autrement.

Cadre de la formule du partage testamentaire.

L'an 1897, le...

Devant M⁰ Gauthier, notaire à Beaujeu (Rhône) ;

En la présence réelle de :

1° M..., 2° M..., 3° M..., 4° M...

Demeurant et domiciliés tous les quatre à Beaujeu.

Majeurs, français, jouissant de leurs droits civils et réunissant toutes les qualités voulues par les articles 975 et 980 du C. c. ainsi qu'ils l'ont affirmé au notaire qui leur a donné lecture de ces articles, et au testateur qui les a choisis lui-même.

A comparu :

M. Emile Tainture, propriétaire, demeurant à Beaujeu ;

Lequel, en bonne santé et sain d'esprit, a dicté à M⁰ Gauthier, notaire soussigné, en la présence réelle et simultanée des quatre témoins ci-dessus nommés, son testament-partage, de la manière suivante :

(Désignation. — Origine de propriété. — Composition et attribution des lots. — Charges. — Clauses et conditions).

Le présent partage testamentaire a été écrit en entier par M⁰ Gauthier, notaire soussigné, tel qu'il lui a été dicté par M. Tainture, ascendant testateur, auquel le notaire l'a ensuite lu ; M. Tainture a déclaré que ce testament contient bien toutes ses volontés dernières et qu'il y persiste, le tout en la présence réelle des quatre témoins instrumentaires requis.

Et sur l'interpellation individuelle qui leur a été faite par Mᵉ Gauthier, notaire soussigné, le testateur et les quatre témoins ont tous déclaré que ces derniers ne sont ni parents ni alliés, soit du testateur, soit des légataires.

Dont acte :

Fait et passé à Beaujeu, au domicile de M. Tainture, testateur.

Et M. Tainture a signé avec les quatre témoins et le notaire après lecture entière des présentes, donnée par Mᵉ Gauthier, notaire, au testateur et aux quatre témoins, le tout en la présence réelle et non interrompue des dits quatre témoins.

TABLE

Tours et Mayenne, Imprimeries E. SOUDÉE.

www.ingramcontent.com/pod-product-compliance
Lightning Source LLC
Chambersburg PA
CBHW071458200326
41519CB00019B/5778